まえがき

2021年、ANAホールディングスは過去最大の4046億円の赤字を出しました。コロナ禍の影響により、売上高が大幅に減少したことがその要因です。

しかし、2024年3月期の売上高は2兆5559億円、利益は1570億円と、大きく業績を回復することができました。

コロナ禍が明けて人の移動が戻ってきたこと、インバウンドの需要が拡大したことなど、事業が回復した外的要因はいくつでも挙げることができます。

ですが、コロナ禍の大打撃を乗り切り、**業績を伸ばしたその根底には、ANAを構成する一人ひとりが持つ「ある力」が確実に働いていると私は感じています。**この力がなければ、過去最高の利益を生み出すことは不可能だったと言っても過言ではありません。

それが、本書のテーマである「**カイゼン**」**の力**です。

カイゼンはトヨタ自動車が生み出した生産方式です。海外にも浸透しており、世界中で多くの企業が導入しています。

ANAグループオペレーション部門は、2016年からカイゼンを導入しました。

・部署内の年間業務時間を「1万4600時間削減」
・CAの年間業務時間を「2万1000時間削減」
・成田空港の航空機のエンジン保存にかかるコストを半年間で「500万円削減」
・お客様からのクレームに対する一次対応の所要時間を「61%削減」

これらは、すべてカイゼンによって得られた成果です。

また、数値には表れにくい成果として、「ANAで仕事ができることを誇りに思えるようになった」「仕事が楽しくなった」という声が、働いている仲間から数多く挙がっています。90%以上の人が「**カイゼン活動の結果、生産性が向上した**」と回答した部署もあります。

一人で完結できる小さなカイゼンを含めると、ＡＮＡグループオペレーション部門では年間相当数のカイゼン事例が報告されています。

カイゼン活動を通じて、一人ひとりが自分たちの仕事をより良いものに変えてきた。この成果が、ＡＮＡの成長に大きくつながっているのです。

乱気流にのみこまれても飛行機の翼が折れることはありません。それは翼が「しなる」からです。

変化が激しい今の時代は、人も組織も、その時々の変化に適応しながら目的地に向かって飛び続けられる力が求められます。

私たちはカイゼン活動を通じて、しなやかな柔軟性を育てることができていると確信しています。

これだけ素晴らしいカイゼンを、皆さんにも伝えたい。そんな思いで、本書を書かせていただくことにしました。

私たちがカイゼンを導入する際、国内外を問わず、たくさんのカイゼンを実践している方に話を聞かせていただきました。そこで感じたことがあります。それは、なぜか、みんなカイゼンを人に教えたがる、ということです。

「こんなに他社の人間に話しても大丈夫?」と不安になるくらい、惜しみなくあらゆることを教えていただきました。

今度は、私たちが皆さんにお伝えする番だと思っています。


カイゼンは製造業であるトヨタ自動車が生み出した生産方式であるため、「生産ラインの生産性を高め、商品の品質を高める手法である」というイメージが根強くあります。

だから、ANAのような非製造業でカイゼンを導入するのはハードルが高いと感じる方も多いようです。「非製造業なので、何から始めていいのかわからない」といった声は多く耳にします。しかし、5Sの標語を壁に貼って終わりでは、非常にもったいないものです。

本書では、**非製造業であるＡＮＡがどのようにカイゼンを導入し、定着させていったかについて、余すところなくお伝えします。**また、５Ｓやムダ取りなどのカイゼンの手法についても、すぐに実践できるように、実際の活動事例を交えて書きました。私たちがカイゼンに取り組む際には４つのプロセスで進めていますが、このプロセスについても、実際の事例とともに詳しく紹介しています。

カイゼンは導入に成功したら終わりではありません。一つのカイゼンが終わると、それは次のカイゼンの始まりになります。カイゼンに終わりはないのです。社内に定着させ、カイゼンが文化になるまで浸透させていく試みが不可欠です。ＡＮＡでは、カイゼン事例を全社で共有する仕組みを作りました。この仕組みについても、本書でお伝えしていきます。

本書が一人でも多くの方のお役に立つことができれば、これほど嬉しいことはありません。

なお、ANAグループのカイゼン活動は「KAIZEN」（大文字のローマ字）と表記して推進しています。これは、グローバルに伝えやすくするためです。しかし本書においては、読みやすいように「カイゼン」（カタカナ）で表記しています。

川原　洋一

まえがき …… 3

第1章 ANAがカイゼン導入に成功した理由

カイゼンの成果が次々と報告されている …… 20
■「改善」ではなく、「カイゼン」 …… 20
■トヨタ自動車で生まれた「カイゼン」とは …… 25
なぜ、多くの会社ではカイゼンを入れても続かないのか …… 29
■カイゼンを定着させるために必要なもの …… 29
■カイゼンで、人の気持ちに火をつける …… 33
■カイゼンで得られた成果は、カイゼンした社員に還元する …… 37
■カイゼンを成功させるためにトップ層がすべきこと …… 41
「気づく力」と「カイゼンする力」 …… 44

■「こんなことすらできていなかった」というがっかりが「気づく力」を育てる……45
■「おもしろそう！」からカイゼンを始めない……48
■「知識」×「体験」＝「知恵」……51

第2章 カイゼンは4つのプロセスで進める

カイゼンは「現状分析」→「真因追求」→「解決」→「定着」で進める……60
■現状分析：あいまいな問題を具体化する……60
■真因追求：なぜを繰り返して本当の原因を突き止める……65
■解決：対策の立案、行動／真因を排除する……70
■定着：標準化して横展開する……73

第3章

カイゼン活動を進めるための具体的な手法

「職場の5S」と「仕事の5S」 76
■5Sの定義 77
■5Sを単なる掃除で終わらせてはいけない 85
■仕事の5Sで書類の再提出をカイゼン 87
7つのムダを取り除く 91
■価値のない行動＝ムダ 91
■ムダは7つに分類できる 93
■ムダはなぜ生まれてしまうのか？ 100
■「標準化」でムダがわかる 102
■ムダを削減し、年間4000万枚の紙の消費が1／2に 104
動線のカイゼン 108

ツールの見直し・プロセス変更 112
■ 今使っているツールは最適か？ 112
■ 今行っているプロセスは最適か？ 114
一人ではできないカイゼンを進める「TAKO」のしくみ 116

第4章 カイゼン事例は全社で共有する

「褒め合う」文化がカイゼンの追い風になる 122
誰かのカイゼンを真似れば、自分のカイゼンも倍速で進む 126
「ビフォーアフターシート」でカイゼンの前後を1枚の紙に記録する 131
■ ビフォーアフターシートの書き方 132

■ ビフォーアフターシートの留意点 135
スマホで共有できる「カイゼン掲示板」 137
誰も強制しないのにアウトプットが広がる理由 139
素晴らしい取り組みは「KAIZEN AWARD」で表彰する 143
■ いいカイゼンは称賛される 143
■ 変化に強いものが生き残る 145

第5章 ANAで実際に行ったカイゼン事例

お客様カウンターの待ち時間を半年で15分に短縮 153
■ お客様が何十メートルも行列をなしていた 153
■ どこにムダが発生しているのかを計測 154

■真因追求と「ムリ・ムラ・ムダ」の洗い出し 156
■問題解決するための方法 158

CAの出社場所を飛行機に！ 「ダイレクトシップ」プロジェクト 162
■ブリーフィングをもっと充実させたい 162
■真因追求でCAたちの固定観念が明らかに 165
■飛行機に出社する 168
■ダイレクトシップの定着と新たな価値の創造 171

空港内の車両点検時間を50％以上削減！ 173
■毎日320台もの車両点検を夜間行っていた 173
■点検票をQRコード化して車両に貼ることに 175

社員の高齢化を機にDXを推進！ 送迎バス部門の働き方改革 178
■ベテラン社員の高齢化で、64％以上が60代に 178
■コントローラーとドライバーのタスクを自動化 180

パッセンジャーボーディングブリッジ（PBB）不具合事象を「ゼロ」に！ 183

■ ターミナルビルと航空機をつなぐ搭乗橋の操作時にヒヤリハットが起きていた …… 183
■ 現状分析により、課題が浮き彫りに …… 184
■ 対策の結果、不具合はゼロ件に …… 185

第6章 最新技術を組み合わせれば、カイゼンはさらに飛躍する

最新のテクノロジーによって、仕事の品質と生産性は大きく向上している …… 190
■ カイゼンとイノベーション …… 191
■ デジタル技術をカイゼンに活かすために必要な「Seeds（シーズ）」 …… 194
RFID技術を使って整備士の工具を管理する …… 197
RPAによるスタッフ業務の効率化の応用例 …… 200

■ RPA化する前に「5S」と「ムダ取り」を徹底する……201
テキストマイニング（AI検索）によるヒヤリハット分析の応用例……204
アイトラッキングによる暗黙知伝承の向上の応用例……209
AGVによる空港内自動搬送の応用例（構想中）……213
IoTによる部品の有効期限管理の応用例（構想中）……217

第7章 カイゼンでヒューマンエラーを防止する

ミスの大半はヒューマンエラーに起因している……222
■ 技術的な事故よりも人間が関わる事故のほうが多い……222
■ ヒューマンエラーはなぜ起きてしまうのか……224

■エラーの増加につながりやすい2つの要因とは……226
カイゼンでヒューマンエラーを防止する……229
■現状分析と真因追求で、エラーを早期発見・修正する……229
■「5S」でエラーが起こりにくい環境を整える……233
■「ムリ・ムラ・ムダ」の削減で一人ひとりの行動の質を高める……234
カイゼンを支えるANAの「安全をつくる文化」……236
■報告する文化……237
■学習する文化……239
■柔軟な文化……240
■公正な文化……242
これからも安全であることを約束するために……247
あとがき……251

ブックデザイン　山之口正和＋永井里実＋高橋さくら（ＯＫＩＫＡＴＡ）
ＤＴＰ　ニッタプリントサービス
校正　鷗来堂
編集協力　金子千鶴代

第1章

ANAがカイゼン導入に成功した理由

カイゼンの成果が次々と報告されている

「改善」ではなく、「カイゼン」

「改善」と「カイゼン」。この違いは何でしょうか？

一般的な「改善」は「悪い部分を良くすること」を意味しますが、これでは単なる問題解決に過ぎません。

カタカナで書く「カイゼン」は、少し意味が違います。問題を解決して終わりではなく、「現状に満足せず、今よりもっと良くし続けること」を意味します。

そして、**カイゼンのゴールは、「生産性を高めつつ、高い品質の商品やサービスを提供できるようになること」です。**

「高い生産性」とは、ムダを徹底してなくすことを指します。
「高い品質」とは、不良品を出さないこと、不良品を流さないことを指します。

組織で仕事をしていると、さまざまな問題が起こります。
例えば、「社員の経費精算申請がいつも締め切りより遅い」という問題が起きているとします。

この問題に対して「改善」をしようとすると、「締切日を早める」「ミーティングのときに部長から注意喚起してもらう」「経理担当者がリマインドする」などの解決方法が考えられます。

しかし、それでは、問題が解決したとしても、部長や経理担当者の仕事が増えてしまいます。締切日を元に戻したら申請に遅れが出るでしょうし、リマインドがなくても自主的に社員が締め切りを守ってくれるようにはなりません。

つまり、「申請日に遅れなくなる」という問題は解決するものの、根本的な解決には至っていないわけです。

一方、「カイゼン」でアプローチができるようになると、問題解決のプロセスも結果も大きく変わってきます。

仮に前者と同じように「経費精算の申請締切日を早める」という働きかけをして、社員が期日までに経費精算するようになったとします。

「改善」だとここで止まってしまいますが、「カイゼン」が身についている場合、社員それぞれが、そこからさらに状況を良くするためにはどうすればいいかを考え続けられるようになります。もしかすると「経費精算の仕組み自体を見直したほうがいいのではないか？」という発想から、システムの導入や改良に発展するかもしれません。

カイゼンを取り入れることによって、自ら課題に気づき、自ら対策し、問題を解決していけるようになるのです。

ＡＮＡのカイゼン活動は、２０１５年に約５０００人が所属する整備部門から始まり、翌年には、ＡＮＡグループ会社のオペレーション部門に広がっていきました。オペレーション部門は、航空機の運航に関わる23社３万１０００人の所帯です。

現在（２０２４年）においても、あらゆる部署から相当数のカイゼンの取り組み報告があがってきています。中には、作業時間を年間50％以上削減できた事例なども報告されています。

ANAのグループ会社であるANAシステムズは、エアライン分野に精通した「ITのスペシャリスト集団」として、エアラインビジネスを中心としたシステム企画・開発、空港施設・インフラ展開から稼働後のシステム運用、ANAグループ各社のDX推進支援、地域創生への取り組みなど、幅広く品質の高いトータルサービスを提供しています。

ANAシステムズでは、2019年度に全社員参加型の「みんなでかいぜんプロジェクト」を発足して地道な活動を続けていった結果、1年間で報告されたカイゼン件数は342件にのぼり、社員一人あたり年間約60時間、合計4万8571時間の業務時間の削減を達成したのです。そしてこれにより、新規サービスや技術の検討に充てられる時間が、前年よりも31％アップしました。

その後、カイゼンはANAシステムズの文化として定着し、2023年度末の実績は、2017年度比で、社員一人あたりの年間業務時間が約215時間削減を達成しています。

緊急度と重要度のマトリクス

重要度 ＼ 緊急度	高い	低い
高い	**第1領域** 期限／期日がある作業・問題	**第2領域** 効果はあるが特定の期限はない予定・項目
低い	**第3領域** 対応を迫られるが効果が低いまたは意味のない作業	**第4領域** 必要のないムダな時間

緊急度と重要度のマトリクスを見てみましょう。タスクは、「緊急度・重要度ともに高いタスク（第1領域）」「緊急度は低いが重要度は高いタスク（第2領域）」「緊急度は高いが重要度は低いタスク（第3領域）」「緊急度・重要度ともに低いタスク（第4領域）」に分類することができます。

忙しいとつい「緊急度・重要度ともに高いタスク（第1領域）」に注力してしまうものですが、自身の成長や長期的な発展をしたいと考えたときには、「緊急度は低いが重要度は高いタスク（第2領域）」にこそ時間を割くべきです。

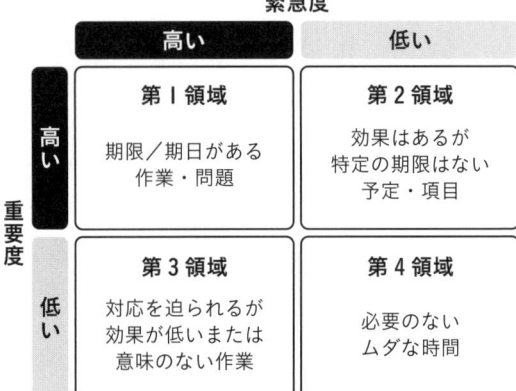

まさに、ANAシステムズはカイゼンにより「緊急度は低いが重要度が高いタスク（第2領域）」に割ける時間が増えた事例です。

トヨタ自動車で生まれた「カイゼン」とは

先述のとおり「カイゼン」の発祥がトヨタ自動車であることは、ほとんどの方がご存じだと思います。トヨタ自動車は前身である豊田自動織機にて、1933年（昭和8年）に自動車製造部門を立ち上げ、そのわずか20年後には月産1万台を目標に掲げるまでに成長しました。トヨタ自動車の2023年の営業利益は5兆3500億円を超えています。トヨタの強さの基盤に「カイゼン」があることは、紛れもない事実です。

トヨタが生み出したカイゼンは「トヨタ生産方式」と呼ばれ、「JIT（Just In Time）」「ニンベンのついた自働化（動ではなく働）」を2本柱として発展してきました。

トヨタ自動車は「多品種少量生産において、いかに原価を下げることができるか」を考え続け、現在のトヨタ生産方式を創り上げたと言われています。製造ラインを効果的に動かし、そこで働く人は付加価値の高い仕事をし、原価低減につなげること。それがトヨタ生産方式のねらいです。

トヨタ生産方式の二本柱の一つ「JIT（Just In Time）」とは、必要なものを必要なときに必要なだけ生産するための手法です。

注文が入ってからすべてをイチから作っていたのでは時間がかかってしまいます。だからといって、決まった量をあらかじめ作っておくと余剰在庫が発生してしまいます。そうならないよう、前工程では必要最小限の部品をあらかじめ用意しておいて、注文があったときに後工程がその部品を引き取って製品を完成させます。そうすると前工程では、後工程が引き取った部品を補充すればよいわけです。

実は、「何がどれだけ必要か」については、最もお客様に近い、需要動向が見えている最後尾が一番把握しているのです。

「ニンベンのついた自働化」とは、あたかも人間がそこにいるかのように生産管理をする手法です。

人がチェックしていれば、不具合が生じたときには一旦ラインを止めて調整することができます。ところが自動化した機械だけでは不具合が生じても動き続けてしまうため、不良品を延々と作り出してしまいます。

人が管理していなくても不良品を生産しない仕組みが、ニンベンのついた自働化なのです。

トヨタ生産方式に基づくカイゼンは自動車製造ラインでの取り組みだったこともあり、他にも「タクトタイム（一つの製品にかかる時間）」や「カンバン方式（後工程から前工程に生産指示をする発注書のようなもの）」など、製造業特有の取り組みの特徴が強く意識されています。

ですから書店や図書館で「カイゼン」の本を探してみると、その多くが製造業を対象としたものなのです。本書をお読みくださっている皆さんの中にも、「カイゼンは製造業じゃないとうまくいかないいんじゃないの？」と思っている方が多いかもしれません。

しかし、**カイゼンの神髄は生産方法そのものだけでなく、「現状に満足せず、今より**

もっと良くする」という考え方にあります。日本だけでなく世界中の病院など非製造業でカイゼンが導入され、大きな成果を上げているという事実が、それを証明しています。また、カイゼンが目指す「高い品質」と「高い生産性」はあらゆる業種、あらゆる仕事において重要なものです。ですから、カイゼンは製造業に限った生産方式ではないのです。

ＡＮＡは、製造業ではありません。ＡＮＡグループには50社以上の企業がありますが、航空運送事業やフライトケータリング、航空機整備、車両整備などの航空業に関する事業の他にも、人材やビジネスサポート、研修事業、シンクタンク、総合商社など、さまざまな業種にわたって事業を広げています。そのほとんどが非製造業です。

また、社員数は４万１０００人以上という大所帯です。日本だけでなく海外にもグループ企業が点在していますが、現在では、グループ会社の中でもオペレーション部門（航空機の運航に携わっている部門）23社を中心にカイゼン活動が活発に行われています。

なぜ、多くの会社ではカイゼンを入れても続かないのか

カイゼンを定着させるために必要なもの

実はANAの中にも「カイゼンは製造業のための生産方式である」というイメージが根強くありました。「非製造業がカイゼンを導入する」というハードルの高さは、実際に多くの非製造業の企業が感じているようです。私たちがANA流カイゼンについてお話しすると、決まって、「なぜ、そんなにうまくいっているのですか？」と驚かれます。「うちもカイゼンを入れたけど、うまくいかなかった」という企業が非常に多いのです。

カイゼンの導入に失敗したという方に話を伺ってみると、陥りやすい共通の落とし

穴があることがわかってきました。それは、

・5Sを入れただけで終わってしまう
・従業員が積極的にカイゼン活動に取り組んでくれない
・非製造業なので、カイゼンをどのように実行すればいいかわからない

といったものです。

さらに、カイゼンの導入はしたものの定着させることができなかったという企業は、2年程度で頓挫することが多いということも見えてきました。導入した初年度は社員がなんとかカイゼン活動をしてくれるものの、翌年になるとその勢いは失速してしまうようです。

カイゼンに無限の可能性を感じていた私たちは、カイゼンをせっかく入れるなら、「絶対に失敗したくない」「絶対に定着させたい」と考えました。

繰り返しますが、カイゼンのゴールは、「高い品質」と「高い生産性」を実現するこ

とだからです。

トヨタ生産方式のカイゼンは、製造ラインのムダを取り除き不良品の生産を極力減らすことによって、商品における高い品質と高い生産性を実現します。

しかし非製造業の場合、「製品を作る」というゴールはありません。ですから、トヨタ生産方式でよく使われているＪＩＴやニンベンのついた自働化、タクトタイムの設定などの手法をそのまま取り入れることは難しく、自社により適したカイゼンを模索する必要があります。

定型業務が少ないので、タクトタイムの設定で効果を出すことは難しいのです。実際にＡＮＡも非製造業であることを前提として、自社の風土や文化に合ったかたちでカイゼンを導入していきました。

「カイゼンって製造業の手法ですよね？」

「なぜうちにカイゼンを導入するのですか？」

こうした社員の戸惑いも想定して、カイゼンを自分たちの仕事場にうまく持ってくるにはどうすればいいのか、カイゼンをどのように進めていくのかを考えていきました。

ＡＮＡグループの中心事業は航空運送事業です。お客様を飛行機にご搭乗いただき、安全に目的地まで送り届けること。これがＡＮＡグループの最も重視するべきミッションです。飛行機を利用してくださるお客様の安全は、絶対に守らなければなりません。

先ほどもご紹介したとおり、ＡＮＡには数多くのグループ会社や子会社があります。また、社内にもネットワーク部や経営戦略室、調達部、人事部や広報部など、さまざまな間接部署があります。

それぞれ手がけている仕事や求められる成果は異なりますが、**すべての部署の仕事は安全に航空機を運航することにつながっています。**そこでカイゼンも、究極を言えば「もっと安全にお客様を目的地まで運ぶため」に導入するべきだと考えました。**組織が最も守るべきものが明確に示されていたことで、カイゼン導入後も軌道修正しながら、社内にカイゼンを定着させることができた**と考えています。

カイゼンで、人の気持ちに火をつける

少子高齢化が進み、10代、20代の優秀な若い人を採用することが年々難しくなってきている今の日本では、採用募集をかけているのに一人もエントリーがなく、悩む企業は増えています。私たちも同様の課題を抱えています。

「ANAは大丈夫でしょう」と言われることもあるのですが、そんなことはありません。花形と言われるパイロットやCAはともかく、かつてのように「航空」というだけで労働力が簡単に得られる時代ではなくなってきました。

航空業界では高い技術力や専門知識を求められる業種が多く、プロフェッショナルを育成する期間がどうしても必要です。しかし一朝一夕にプロフェッショナルを育てることはできません。数年、場合によっては10年単位の時間がかかることもあります。「事業が成長したら人員を増やして組織を大きくする」という従来のシナリオが通用しなくなっている今、**限られた人員でさらに成長し続けるためには、働いているすべ**

ての人がやりがいを持って楽しく仕事ができる環境を整えることが非常に重要だと考えました。

今組織にいる「人」をさらに育てていくことは、これからの時代においては最も手堅い成長戦略と言ってもいいでしょう。

では、今いる人材に大きなやりがいを持って仕事をしてもらい、「この会社でずっと働いていたい」と思ってもらうには、どうすればいいのでしょうか。

さまざまなアプローチがあると思いますが、私たちはカイゼンを使って「人の気持ちに火をつける」というアプローチを選びました。このことは、ＡＮＡでカイゼンの導入が成功した大きな要因だと考えています。

人の気持ちに火をつけるとは、一人ひとりが自発的に「カイゼンって楽しい」「カイゼンに取り組みたい」と思える環境を作るということです。

導入時は、半ば強制的にカイゼン活動を進めていかなければならないこともあるかもしれません。しかしそれがずっと続くと、社員は「よくわからないままカイゼンが導入された」「上からカイゼンをするように圧力をかけられている」「結局、追加の仕事のようなものじゃん」と感じるようになります。

特にカイゼンが必要だと思っていないのに、上司からうるさく言われたり、評価が下がってしまったりするために、むりやりカイゼンできることを探さなければならない。そのような状況では、社員の心理的負担が大きくなってしまいます。

「カイゼンのことを考えただけで体が重たく感じる」「カイゼンの会議が億劫で会社に行きたくない」そんな閉塞感を社員が抱いてしまったら、終わりです。本来いいと思って導入したはずのカイゼンが、社員にとっては「害悪でしかない」ものになってしまうのです。

社員の意識がまったくついてこないままでは、カイゼンを定着させることはできません。

カイゼンを人づくりで進め、ＡＮＡの文化にする。これが、私たちが目指したことでした。

カイゼンが文化にまで成長すれば、あとは自走してくれます。

新入社員は、先輩や上司の真似をするものです。先輩がお客様に挨拶をしていたら自分たちも自然にそうなるし、無愛想で挨拶もせずに淡々と接客していたら、新人たちも「それでいい」と思って真似るようになります。良いことも悪いことも等しく、新しく入ってきた人は前からそこにいる人の振る舞いを見て真似するものなのです。

もしもカイゼン活動が文化と言えるくらい浸透していたら、新しく入ってきた人はカイゼンをすることが当たり前になります。カイゼンをするために、わざわざモチベーションに頼る必要もありません。

ここまでいくと、「非製造業なのにカイゼンなんてできないのでは?」という不安の声や、「今までのままでいいのに、なぜカイゼンする必要があるの?」といった反対する声はなくなります。

社員一人ひとりが自発的にカイゼンしたいことを思いつき、実際にカイゼン活動ができるようになれば、あとはしめたものです。彼らが活き活きと仕事をすることにより、結果として高い品質と高い生産性が担保されるはずです。

だから「**一人ひとりがカイゼンに対して苦手意識を持たないようにして、楽しくカイゼンを実行したいと思えること**」**が重要なのです。**

カイゼンで得られた成果は、カイゼンした社員に還元する

社員たちがカイゼンを「楽しいもの」「取り組みたいもの」と思うためには、「カイゼンをすると自分の仕事が楽になる」という事実が重要です。そこで私たちは、カイゼンによって得られた成果を本人にすべて還元することを約束しました。

つまり、**カイゼンを「自分が楽になる」ことだけに使ってもらうことにしたのです。**

「時間があれば、あの棚の整理をしたい」とか、「デスク裏の配線がぐちゃぐちゃになっているからきれいにしたい」といった、緊急ではないために先延ばしにされてい

るタスクはよくあります。カイゼンによって業務時間を短縮することができたら、空いた時間でそれらに取り組むことができます。

また、「もっとスキルアップするために研修を受けたい」「資格取得のためにスクールに通いたい」「業務外のことだけど、勉強しておきたい」というように、自分の価値を高めるための自己投資にも時間を使ってもらいます。

これらも、忙しいとどうしても優先度が下がってしまうため、つい先延ばしになってしまいやすいことです。

でも、長期的に見れば、社員の自己投資は本人だけでなく会社にとっても非常に大きなリターンをもたらすものですから、できるだけ取り組んでもらったほうが良いに決まっています。

ところが、**カイゼンの導入に失敗している会社は、カイゼンによって社員が生み出した時間を会社のものとして考えがちです。**そして「時間が浮いたならこの仕事もやってほしい」「カイゼンによって作業効率が上がり、部署の人員が余るようになったから社員を別の部署に異動させる」といった行き過ぎた対応を取ってしまうのです。

本人が楽をするだけでは、会社全体が良くなることにはつながらないのではないかと疑問を感じる人もいるかもしれません。

5時間かかっていた仕事がカイゼン活動によって3時間で済むようになったとしたら、その浮いた2時間で、もっと多くの仕事ができるようになるはずだ、と考える人もいるでしょう。

チームリーダーや組織のリーダーが采配を振って仕事のコントロールをしたほうが、カイゼンの成果をよりよく活用することができるのではないか、という意見もあるかもしれません。

確かにこれらのやり方は、短期的に見ると生産性向上につながるかもしれません。でも、社員にしてみれば、やはり「仕事を増やされた」以外のなにものでもないのです。

1回、2回ならいいかもしれませんが、それが永遠に続いていったとしたら、効率化を図れば図るほど、仕事が増えていくことになってしまいます。その結果、「仕事ができる人が一番仕事を抱えてしまう」という現象さえ起こります。

頑張ったら頑張っただけ、きつくなってしまうのでは、逆効果です。

カイゼンをすればするだけ負担が増えるわけですから、社員にとってカイゼンをすることは「良いこと」「メリットがあること」ではなくなってしまいます。

そうすると、カイゼンしたほうが良さそうだなと思ったとしても、「これを提案してカイゼンを実行したら、また新たな仕事が増えてしまう」というブレーキがかかってしまいます。

その結果、カイゼンするべきことはスルーされてしまい、高い品質にも、高い生産性にもつながらないままカイゼンが立ち消えしてしまうのです。カイゼンすべきことに気づいていても、気づいていない振りをしたり、いいことなのに、言うとやらなければならなくなるので言わなくなってしまうのです。

これでは、カイゼンが失敗に向けて加速してしまいます。

カイゼンを導入してこのような現象が起こるのは本末転倒です。

カイゼンを導入するにあたり、これは絶対に避けたいことでした。そこで私たちはカイゼンを導入する際に「**会社が成果を横取りせず、カイゼンを実行した社員にその成果を還元する**」と伝えました。

つまり、「カイゼンは社員自身の仕事が楽になるために使う」ということと、「会社が成果を横取りしない」ということを、社員に約束したのです。

カイゼンを成功させるためにトップ層がすべきこと

カイゼンを導入するときには、組織やチームのトップが社員たちを引っ張っていくエネルギーが必要です。

ANAでも最初にカイゼンを整備部門に導入する際には、当時の整備センター長が強く推し進めていきました。全社に展開するときには、当時のANAグループの社長が推進しています。

多くの会社でも同じように、まずはトップが「カイゼンを導入する」と決意し、導入に踏み切ることでしょう。

しかし、**トップが前に出過ぎるとカイゼンは定着しません。**

トップやマネジメント層がやりがちなのが、「監視」「管理」してしまうこと。カイゼンを成功させたいという気負いが出てしまって、全員参加を義務づけたり、現場の社員に定期的に進捗を報告させたりしてしまいます。トップからの働きかけが必要なこともあるでしょうが、往々にして「やり過ぎ」てしまうのです。

ＡＮＡでは基本、「トップは何もするな」と周知しています。特にカイゼンを導入したばかりの頃はこれを徹底していました。

積極的に社員たちに進捗を聞きに回ったり、カイゼンについてわからないのに無理にアドバイスをする必要は一切ないのです。ただ、**社員の「こうしたい」という思いを応援することに徹底せよ、「愚直な推進者」であれ、と伝えたのです。**

さらに、社員にカイゼンを強要することも避けました。社員たちには、「カイゼンは自分の仕事を楽にするためのものだから、必要のないカイゼンはしなくていい」と伝えました。あくまでも、主役は社員自身であることを徹底したわけです。**カイゼンを目的化するな**ということです。

カイゼンは、あくまでも自分の仕事を楽にするためのもの。ですから「あなた」「あ

の人」ではなく、「わたし」という一人称で進めることを基本にしました。

一人ひとりの仕事の効率が上がれば、結果としてグループ全体の効率が上がるはずです。実際、おもしろいことにカイゼンは当初想定した以上に受け入れられ、広がっていきました。

自分の仕事を楽にするために行うものであって、会社が強要するものではない、ということをトップ層が理解しておくことは、非常に重要です。

「気づく力」と「カイゼンする力」

ＡＮＡでは、カイゼン活動を推進する力として**「気づく力」**と**「カイゼンする力」**の2つが重要だと考えています。

「気づく力」が一人ひとりに備わっていれば、いくらでもカイゼンの種を見つけることができるようになります。

「カイゼンする力」とは、「自力でカイゼン活動を進めることができる力」のことです。

問題に気づくことができても、どうカイゼンすればいいのか、どのようにカイゼンを進めていけばいいのかが分からなければ、カイゼン活動はスムーズに進んでいきません。

同様に、カイゼンを進められるだけの力があったとしても、問題に気づくことができなければカイゼン活動に取り組みようがありません。「気づく力」と「カイゼンする力」は、飛行機の両翼のエンジンのようなものでどちらも不可欠なのです。

ANA流　カイゼンの仕組

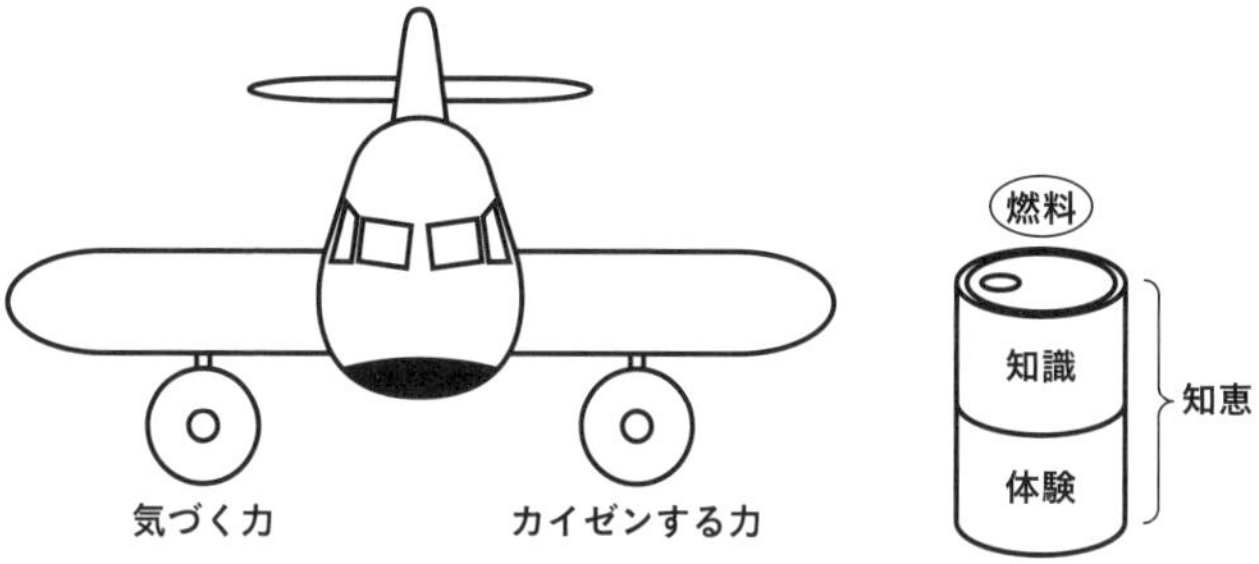

カイゼンを推進するには「気づく力」と「カイゼンする力」の2つのエンジンが必要
エンジンを動かすには燃料となる知恵（知識 × 体験）が必要

「こんなことすらできていなかった」というがっかりが「気づく力」を育てる

カイゼンを導入するときは、少人数で導入して少しずつ広げていくことを勧めます。

私たちも、社員一人ひとりと対話しながらカイゼンを広めていきました。

雑談の場や1on1の機会などを活用して、「最近困っていることはない？」「仕事でやりにくいことはない？」といった問いかけをしながら、本人が仕事に対して抱いている課題や違和感などを引き出していったのです。

カイゼン導入の初期の頃は、「こんなこと

もできていないのか」とがっかりするようなことが次々と見つかりました。

ある社員と対話したとき、彼がこんなことを言いました。

「重たい計測器が棚の下段の奥に置かれてあって、取り出しにくいのです。しかもよく使うんです」

頻繁に使われるにもかかわらず、最初にここに置くと決めたからか、計測器は棚の一番下に置かれたままでした。その計測器を取り出そうとするたびに、かがんで持ち上げないといけない。腰痛も心配です。かがまなくても取り出せる位置にあると便利だということはわかり切っているはずなのですが。

この一言で、私たちの中に「めったに使わないモノはしまい込もう」「重たいモノは下に置こう」「一度置き場所を決めたから、変更はしない」という固定観念があったことに気づきました。重たいモノほど、負担なく取り出せる位置に置くことで作業効率が上がる。こんなことにすら気がついていなかったのです。

早速、普段はあまり使用しない軽い計測器を奥にして保管場所を入れ替えました。

「僕たちはこんなことすらできていなかったのですね」という彼の言葉は、その後のカイゼンの原動力であり続けています。

ただ、このように簡単にカイゼンすることができるものは、達成感が得られるという利点もあります。

簡単なカイゼンが成功体験となって、「もっとカイゼンしたい」という気持ちが一人ひとりに芽生えたらしめたもので、カイゼンを推進してくれる「気づく力」を得ることにつながっていきます。

社員にカイゼンについて学んでほしいと思ったとき、上から「5Sについてもっと勉強しないとダメだよ」と指導するだけではうまくいきません。

まずは、自分の仕事の中でカイゼンしたいことがないかを引き出す。そして本人にカイゼンしたいことが見つかったら、どんなことを知識として身につけるとカイゼン活動が先に進むのか、トップ層がそのヒントを提供してあげる。

こうすることで、カイゼンの知識が本人にとって生きた知識になるのです。

「おもしろそう！」からカイゼンを始めない

トヨタ式カイゼンには、「三現主義」という言葉があります。

三現主義とは、実際に「現地」で「現物」を観察して、「現実」を認識した上で問題解決を図ること。私たちも、大切なことは机上で議論するのではなく、泥臭くても「現地・現物」にこだわることにしました。

カイゼン活動をするときは必ず「これを変えたい！」という具体的な課題があることを前提とし、決してアイデアから入らないようにしました。

ＡＩは近年めざましい進化を遂げていますが、「最近出たおもしろいＡＩツールがあるから、これを使って何かをすれば、もっと効率が上がるんじゃない？」という動機でカイゼンを始めることはしません。

道具やシステムは、どこか人の心をくすぐる魅力があります。「使ってみたい」「試してみたい」と思わせる何かがあるのです。

アウトドアが好きな方なら、軽量かつコンパクトなのに非常に多機能な数々のキャンプギアに魅了されたことがあると思います。ギアを使いたいからキャンプに行く、そんな楽しみ方もありますね。

ただ、カイゼンにおいては、あまり効果が出るやり方とは言えません。


こんな話がありました。

画像処理によって、機体の外板の凹みや亀裂を見つけることができる技術に出会った担当者は、「最新技術による機体外板の点検」を思いついて、どうにか使えないかと必死に考え、メーカーとも何度もやり取りをして具現化しようとしました。

発想はよかったのですが、現場に聞くと、やれ機械が重くて使いづらい、そもそも人間が直接計測することで不具合はないなど、カイゼンで一番大切な「困っている状況」がなかったのです。まさに、手段の目的化、アイデアの先行による失敗の事例です。

鳴り物入りでそれなりのコストをかけて導入された社内決済システムが、使われずに放置されている。流行に敏感な社長が次々に新しい仕組みを導入するけど、定着したためしがない……。こんなことが、あなたの会社にもありませんか？

「トレンドだから」「時流に乗り遅れないように」「ライバル会社もやっているから」などの動機でアイデアベースでカイゼンを進めても、実態とズレてしまっているので大した成果につながらないのです。

アイデアベースでカイゼン活動を始めないようにするために、私たちがよく使う言葉があります。それは、「何がどう良くなるの？」という言葉です。

「何がどう良くなるの？」という問いかけによって、これから取り組もうとしているカイゼン活動が本当に課題を解決するためのものなのか、それともなんとなくで始めようとしているのか、一瞬で判断することができるようになります。答えに詰まってしまうときは、もう一度考え直しです。

この問いには、背筋をピッと伸ばしてくれるような感覚があります。あくまでもカイゼンは、実態を原点とした活動にする。これを忘れてしまっては本末転倒です。

手を動かす前には、この言葉を唱えましょう。

「ところで、それって何のためにやるのかい？　何かいいことがあるのかい？」です。

「知識」×「体験」＝「知恵」

「カイゼンする力」を育てるためには、「知識」が必要です。「5S」や「3M」（ムリ・ムラ・ムダ）などのカイゼンの基礎知識がなければ、活動を進めていくことはできません。

私たちも、カイゼンに関する本を手当たり次第に読んだり、人に話を聞きに行ったりして、とにかく知識を入れていきました。

さらに、社員たちがいつでもカイゼンについて学べるように社内のさまざまな場所に「カイゼン図書館」「カイゼン文庫」などを設置していきました。

カイゼンに関する本は数多く出版されていますし、インターネットで調べれば、カイゼン活動の始め方や取り組み方に関する情報はいくらでも手に入ります。

ただ知識だけではやはり不十分で、**行動して実際に「体験」してみることが不可欠**

です。

とはいえ、必ずしも自分で実験し、取り組む必要はありません。他者が体験したことを聞くだけでも良いのです。

他の人の事例を学ぶことも体験です。学ぶの語源は「真似《まね》ぶ」、つまり真似るだと言われます。

ポイントは、感動を伴うこと。感動を伴わない伝聞は、やはり知識の域を出にくいものです。

他社のカイゼン事例を見て、「すごい！」「思いつかなかった！」と驚き、感動する。この感動が、学びをさらに深めてくれます。

整備部門では、カイゼンを部内に導入する前の準備段階では「カイゼンを知る」「カイゼンを体験する」ということを徹底しました。**自分たちがこれから導入するカイゼンとはどういったもので、具体的にどうやって進めていけばいいのかということを他社の事例から積極的に学んでいったのです。**

私たちは、カイゼン活動を行っているさまざまな企業に「私たちもカイゼンを導入したいと思っています。ぜひ御社のカイゼン活動について見学させてください」と言ってアポイントをとり、見学に行きました。トヨタ自動車、サンドビック、JR東日本を始め、自動車メーカーや大手医療メーカーなど、訪問した数は数十社にのぼります。見学を受け入れてくれた会社では、本当にさまざまな工夫を随所に凝らしてカイゼンに取り組んでいました。

実際にカイゼン活動をしている会社の事例を間近で見ることができたことは、私たちにとっては非常にありがたいことでした。このときに得た経験は、今でもとても大きな財産であり、「知恵」になりました。

他社のカイゼン事例を見学させていただく中で、今でも強く記憶に残っているエピソードをご紹介します。

ANAの整備部門では多くの電子機器を使います。IT機器や電子機器はずっと使用していると熱を持ちますから、クーリングし続けなければなりません。電子機器を冷却するときにはクーリングファンを回して、空気を循環して熱を冷ますということをして

ファンが回っていることをかざぐるまが教えてくれる

います。

ファンが止まると電子機器の故障につながりますから、ファンが正常に動いているか、定期的に誰かが見に行って、手をかざして風が出ているかを確かめるようにしていました。

ある会社のカイゼン活動を見学に行ったときのことです。工場に入ると、たくさんのかざぐるまが回っているのが目に飛び込んできました。

その光景が物珍しかったため、驚いて担当者の方に「どうしてかざぐるまがこんなに回っているのですか?」と尋ねました。

するとその方が言いました。

「ファンが回っていることを、かざぐるまが教えてくれているんです」

ファンが正常に回っているかどうかをいちいちチェックするのは手間がかかる。風が出ているかどうかがわかればいいわけだから、それなら日本に昔からあるかざぐるまが役に立つ。そのように考えたそうです。

「かざぐるまが止まっていたらファンが止まっているということだから、そのときだけ人が見にいけばいいんです」。担当者の方はそう教えてくれました。

遠くから見ても、かざぐるまによってファンが回っていることを教えてくれます。

私たちはこれを聞いて非常に感動しました。「そうか！　こうすればいいんだ！」と、まさに、目から鱗が落ちたのです。

簡単なことなのですが、なかなか思いつかない。どうして思いつかなかったんだろうと、少しだけ悔しい気持ちにもなりながら、「私たちも真似していいですか？」と頬を紅潮させながら訊ねたことを記憶しています。

さっそく自社に戻ったあと、かざぐるまを買い込みました。今、羽田空港の整備場地区にあるＡＮＡの装備品整備の工場では、たくさんのかざぐるまがカラカラと回っている光景を目にすることができます。もしも機会があれば、ぜひ見にきてください。

このようにカイゼンに対する「知識」に「体験」が加わることで、実際に自分たちの仕事を楽にするカイゼン活動を思いつくための「知恵」になります。

もしあなたが「カイゼンを取り入れたいけど、どうしたらいいかわからない」と思っているのなら、一通り知識を入れたあとは、カイゼンに成功した人のところに行って「体験」することをお勧めします。

ＡＮＡでは、現在、オペレーション部門（航空機の運航に携わっている部門）を中心にカイゼン活動を推進しています。対象はグループ会社23社、約３万１０００人です。ＡＮＡではカイゼンの事例を「ＡＮＡグループオペレーション部門の全員の体験」にするために、さまざまな方法で共有しています。

例えば、一人が成功したカイゼン事例をグループ全員と共有することができれば、一つの事例が何千人、何万人の「体験」となり、知識と掛け合わされて膨大な知恵に昇華していきます。「百聞は一見にしかず」「学ぶは真似る」の実践です。

私たちがどのようにカイゼンの事例を共有しているのかについては、第4章で詳しくご紹介します。

第2章

カイゼンは4つのプロセスで進める

カイゼンは「現状分析」→「真因追求」→「解決」→「定着」で進める

基本的に、カイゼンは「現状分析」→「真因追求」→「解決」→「定着」の順に進めていきます。

チームを組んで進めるような大規模なカイゼン活動などは特に、この4つのステップで進めることがとても大切になってきます。

本章では実際の事例を元に、どのようにカイゼンを進めていったのかを紹介します。

現状分析：あいまいな問題を具体化する

現状分析の段階では、問題となっている事柄の背景から実態調査、課題の特定までを行います。

・実態調査

まずは今目の前にある問題について、その実態を調査します。**現状分析をする際に重要なのは、現状を数値やデータに落とし込むこと。そして、比較対象となる「標準」を設定することです。**

単に「効率が悪い」「使いづらい」などの主観的な体感だけで課題を設定してしまうと、出てくる解決法も抽象的なものになってしまいます。また、客観的な数値を出したときに、その数値が異常な値なのか、それとも正常な値なのかは、「標準」がなければ比較できません。

2020年からしばらくの間、コロナ禍によって航空業界は大打撃を受けました。これはCAの育成にも影響しました。フライトの減少に伴ってCAが機内で経験を積む機会も減少したのです。

また、感染防止対策や衛生管理などそれまでにはなかった業務が増えたことによって、コロナ禍以前とはCAの業務手順にも変更が生じました。

やがてコロナ禍が落ちつき、人の移動が復活してからはフライトも増加しました。ところが機内におけるカートや手荷物の取り扱いで、経験不足による軽微なヒヤリハットが生じ始めたのです。

「一つの重大事故や災害が起こる背後には29件の軽微な事故や災害があり、その背景には300件の無傷害の事故や災害（ヒヤリハット）がある」という有名な法則があります。この法則を提唱したのは、アメリカの損害保険会社に所属していたハーバート・ウィリアム・ハインリッヒという人物です。

ヒヤリハット自体は事故ではありませんが、重大な事故の前兆であると私たちは考えています。ですから、ヒヤリハットの段階で手を打つため、CAが所属する客室センターは、この問題をカイゼンを使って解決しようと考えました。

客室センターは「現状分析」に取り組み、「今、どのような状況なのか」を可視化することにより、問題を浮き彫りにしていきました。

今回のケースでは、あるべき姿としてヒヤリハットの件数を前年同時期の半分の値としました。

・課題の特定

続いて、カイゼン活動で解決すべき課題の特定に移ります。

ここでは、**さまざまな角度から「なぜその事象が起きているのか？」を追求していきます。**

これには、5Wが役に立ちます。「When：いつ」「Where：どこで」「Who：誰が」「What：何を」「Why：なぜ」という、あの5Wです。

ヒヤリハットの事例を5Wで分析してみます。

まず「When：いつヒヤリハットが起きているのか」については、時間帯や曜日、旅客数に関係するかどうか、「Where：どこで起きているのか」については、路線や空港による違いはあるのか、空港のスポット（駐機場）による違いはあるのか、機種による違いはあるのか、という視点で分析しました。

そうすると、お客様にご提供する飲みものやカートに関連するヒヤリハット、相互確認の際の報告が漏れていることによるヒヤリハットなどが起きていることが見えてきました。これが「What：何が起きているのか」にあたります。

また「Who：誰によって起きているのか」については、若年層と中堅以上で分けました。

その結果、路線や空港、スポットによる違いはないことが見えてきました。一方で、中堅よりも若年層のCAによるヒヤリハットが多発していることなどが分かってきました。

そして最後は「Why：なぜ」です。それはなぜなのかを考えます。

ここまで見えてくると安心して手を緩めがちなのですが、まだまだ課題の特定は終わっていません。さらにカイゼンによって解決すべき課題を特定していきます。

特定の方法にはさまざまな方法がありますが、客室センターでは「インパクト」「緊急度」「頻度」などの項目を挙げ、それぞれの項目について点数で評価するという方法をとりました。点数を合計すれば、最も優先して解決すべきものがわかる仕組みです。

その結果、最も優先して解決するべき課題は、若年層のCAによるカートの操作ミスであることが見えてきました。

真因追求：なぜを繰り返して本当の原因を突き止める

ここまでで、現状分析がいかに重要なのかがおわかりいただけると思います。単に「ヒヤリハットが増えているから何か対策をしなければ」というあいまいな状態で解決策を考えても、意味がないのです。

現状分析によってカイゼンで解決する課題が決まったら、次は「真因追求」です。「まだ課題を分析するのか」という声が聞こえてきそうですが、カイゼンにおいては、現状分析と真因追求がとても重要なのです。ここがしっかりとできれば、解決策は自ずと見えてきます。

真因とは、真の原因や本当の原因のこと。「その課題を引き起こすことになった根本の原因」と言い換えていいでしょう。

エアコンのフィルターが詰まったら、フィルターを掃除しますね。フィルターを掃除すれば詰まりは取れますが、時間が経つとまたフィルターが詰まるという現象が再発します。単に表面的な原因を取り除いただけでは、根本的な解決には至らないのです。フィルターが詰まりを起こす根本的な原因が明らかになれば、再発しない対策を立てることができるわけです。

そこで、**真因を追求するために、現状分析で見つけた問題を具体化して「なぜ？」を繰り返します。**「フィルターが詰まったのはなぜ？」と問いかけ、出てきた答えに対してさらに「なぜ？」を重ねていきます。

これは「**なぜなぜ分析**」と呼ばれている手法で、トヨタ自動車の問題解決の考え方から生まれました。今では世界的に活用されています。

Q．エアコンのフィルターが詰まったのはなぜ？

←A. 掃除をせずに放置していたから
←Q. 掃除をせずに放置していたのはなぜ？
←A. 担当者や掃除の頻度が決まっていないから
←Q. 担当者や掃除の頻度が決まっていないのはなぜ？
←A. 社内に明確なルールがないから
←Q. 社内に明確なルールがないのはなぜ？
←A. 議題として誰も提案してこなかったから

真因の追求

課題：若年層によるカートの操作ミスが起こるのはなぜか？

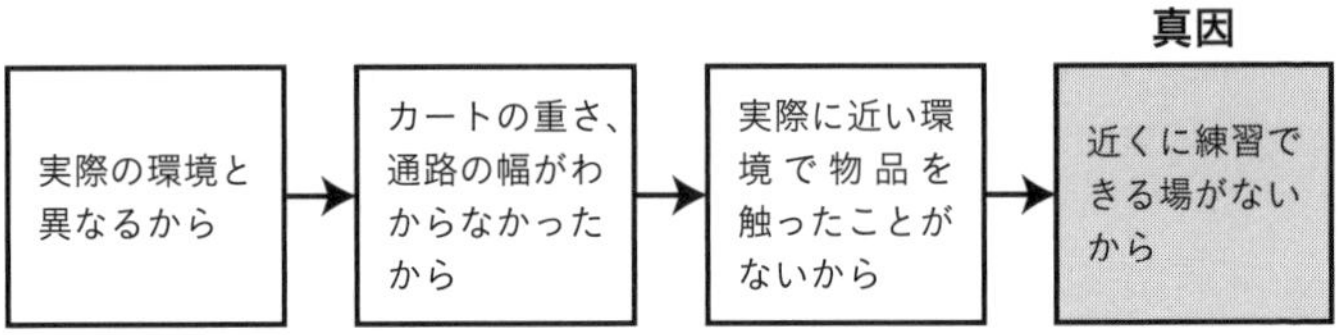
真因
実際の環境と異なるから
カートの重さ、通路の幅がわからなかったから
実際に近い環境で物品を触ったことがないから
近くに練習できる場がないから

このように「**なぜなぜ分析」を重ねていくことで真因が見えてきます。**

真因追求は問題が入り組んでいて複雑なときに有効です。なお、シンプルな問題で５ＳなどですぐにBR解決できるものであれば、真因追求のプロセスを省くこともあります。

先ほどのＣＡの事例では、カートの操作ミスをする事例は若年層のＣＡが起こしていることがわかりました。そこで、なぜ若年層のＣＡがカートの操作ミスをするのかを「なぜなぜ分析」を使って追求してみました。

そうすると、トレーニングと実機での環境が異なるため実際の現場でのカートの重さがわからず、操作ミスにつながることが見えてきました。

さらに真因追求を進めていくと、「近くに練習できる場所がないから練習できない」という真因が見えてきたのです。

ANAグループは、ABB（ANA Blue Base）という、訓練施設を持っています。ここでは運航乗務員（パイロット）、客室乗務員（CA）、整備士、グランドハンドリングスタッフ、グランドスタッフなどが業務に必要な訓練を受けています。CAもここでしっかり訓練を受けているものの、現場配属後に、日々経験を積むことができる場所が近くにあるといいという声が出されたのです。

「カート操作を誤る」という事象を見ただけでは、「近くに練習できる場所がない」ことが原因だとは、なかなか思い至りません。しかし何度も「なぜ？」を繰り返すことによって、想像もつかなかったような真因にたどり着くことができます。

現状分析から真因追求がしっかり進められれば、解決策の立案に苦労することはありません。

解決：対策の立案、行動／真因を排除する

現状分析と真因追求がしっかりできていれば、自ずと具体的な解決策が見えてきます。

この事例では解決策として、羽田空港第2ターミナルの客室センター内に練習場を設置するとともに、過去事例や先輩からのナレッジを学ぶ教育を行う、という2つの解決策を立てて実行に移しました。CAは第2ターミナルからフライトに出ます。そのCAがフライトに出るときに、気軽に立ち寄ることができる場所であることがポイントです。

客室センター内に新たに練習場を作るには、既存のスペースから何かを取り除かなければなりません。そこで、客室部門がこれまで運用してきた「メールボックス」を撤去し、そのスペースを練習場所にすると決めました。この場所をknowledge squareと呼び、運用を始めたのです。

ANAには約8000人のCAが在籍しています。CAたちは毎日フライトで各地を飛び回りますから、彼女たちには自分のデスクがありません。だから直接本人に渡さなければならない書類はメールボックスを通じて本人たちに渡していました。

CA個人に直接渡したいものはボックスに入れられ、フライトから戻ったCAがボックスを開けて書類を受け取るという仕組みになっていました。メールボックスが、CA一人ひとりのポストのような役割を果たしていたのです。

メールボックスを撤去するという案が出たとき、メールボックスに愛着を持つCAたちからは、「さみしい」という声が上がり始めました。CA間で書類などをやりとりするときにどうすればいいのか、といった不安の声も聞こえてきます。

一人でできる単純なカイゼンの場合は、すぐに解決策に取り組んで課題を解決することができます。課題そのものがシンプルであることも理由の一つですし、反対する人がいないのもその理由です。

しかし**今回のような大きな事例では、解決策を進めていく中で反対意見や活動を不安**

視する声は当然出てきます。

「人づくり」に重きを置くＡＮＡでは、「対話する」という選択をとりました。グループミーティングで今回のカイゼンの目的を共有し、ディスカッションを重ねていきます。ディスカッションには６０００人のＣＡが参加しました。

また、メールボックスに代わって紙のファイルボックスを使うことでスペースを圧縮しつつ個人宛の書類を渡せる場所を残すなど、トライアルを行いながら、カイゼン活動を地道に進めていきました。

12月にトライアルを開始し、翌年6月には正式にknowledge squareの運用を開始しました。結果的に若年層のカート操作ミスに関する大きな事象の発生はゼロになり、目標値を大きく上回る成果につながっています。

運用から6カ月の間、knowledge squareを活用したＣＡは約1万２０００人。練習場での練習に使われた時間はのべ６０００時間です。knowledge squareはしっかりとＣＡに受け入れられたのです。

従来はメールボックスに自分宛の書類などが届いているかを事前に知る機会がなかったため、CAは、とりあえず客室センターに毎回立ち寄る必要がありました。そこもカイゼンし、新しいファイルボックスに書類が入っているときには上長から事前通知を行う運用にしたのです。その結果、年間のべ1万4600時間のムダが削減されました。通知をもらったときだけ、ファイルボックスを見ればいいのです。また、大事な書類は上長が本人に手渡しします。

定着：標準化して横展開する

カイゼンの一連のプロセスの最後が「定着」です。

車の車輪が動いてしまわないように車輪の下に入れる三角形の板のことを「輪留め」と言います。カイゼンも、もとに戻ってしまわないように「輪留め」を挟みます。これが「定着」です。定着まで進めて初めて、一つのカイゼン活動が完了するのです。

メールボックスを撤去して生まれた練習場所は、ＣＡの自主的な学びの場として浸透しています。さらに客室センターでは、羽田空港でのカイゼン活動を仕組み化して成田空港や伊丹空港などにも横展開しています。

第3章

カイゼン活動を進めるための具体的な手法

「職場の5S」と「仕事の5S」

カイゼン活動を始めるにあたってさまざまな会社の取り組み状況を調査したところ、カイゼン活動を推進する会社・職場は、どこも最初は「5S」から始めていることがわかりました。

5Sは非常に多くの会社で取り入れられていますが、「5Sって何なの?」と改めて聞かれると答えに詰まってしまいます。

「5S」とは、整理(Seiri)、整頓(Seiton)、清掃(Seisou)、清潔(Seiketsu)、しつけ(Shitsuke)の頭文字の「S」を取ったものです。ただそこまでは知っていても、「整理」とは何か、「整頓」とは何か、を社員と共有できている会社は少ないのではないでしょうか。

これだけで本を1冊書けてしまうくらい非常に奥が深いものですが、本書では5Sの基本的な考え方とANAでの取り組みを紹介します。

まずは、改めて、5Sの定義について確認をしていきましょう。

5Sの定義

・整理

整理は片づけ、という印象が強いかもしれません。

デスク回りを整理するとき、皆さんは何をしますか？　おそらく人それぞれ違うはずです。ある人は出しっぱなしになっているファイルを元あった場所に戻し、ある人は引き出しを開けて、要らないものを捨てるかもしれません。

5Sでいう「整理」とは、要るものと要らないものを分け、要らないものを捨てることです。

引き出しや棚の中をすべて開けて、今、何がどれだけあるのかをすべて洗い出してみると、「なくしたと思っていたものが、全然違う場所で見つかった」「同じものが何個も出てきた」といったことはよくあることです。

モノだけでなく、データもそうですね。デスクトップに使わないファイルがずらりと並んでいる、とりあえずクラウドにデータを放り込んでクラウド内がカオスになっている……。こうした現象も多いものです。

整備部門で整理に取り組んでみたところ、引き出しや棚の中から使わない工具が大量に出てきました。

モノを保管するときによくやりがちなのが、見えない場所にしまうこと。細々したものが外に出ていると、どうしてもスッキリせずにがちゃがちゃして見えてしまうからです。

私たちも、仕事で使う工具は棚の中にきれいに並べてしまい込んでいました。つまりこの時点では、「きれいに並べて外から見えないように収納する」ということが整理だと考えていたわけです。

しかし、きれいに並べて外から見えないようにしまうと、「あれが必要だな」と思ったときにパッと探し出せません。すべての工具のありかを記憶しておくわけにはいきませんから、どうしても探す手間が発生してしまいます。

一説によると、一般的なビジネスパーソンは年間150時間も探し物に費やしていると言われます。1日8時間働くとしたら、なんと18日以上。ほぼひと月に相当する時間を浪費していることになります。

引き出しを次々に開けて、「ここでもない」「あそこでもない」とやる。そうしている間にも、時間はどんどん過ぎていってしまいます。

・整頓

整頓とは、モノの置き場所を決めて表示して、そこに配置することです。

要らないものを捨てたら、残ったものを整頓します。そのときに、何をどこに置くのか表示をして、そこにそのモノを置くようにします。これが整頓です。

カイゼンが身につくと、単に必要なモノを配置するだけでなく「なぜこんなにも要らない工具がたくさん出てきてしまったのか」という真因追求の思考ができるようになっていきます。

整備部門で工具の整理を進めたところ、棚の中にしまい込んでいたために工具の存在が忘れ去られており、「ない」と思って新しく購入するケースが多々あることがわかりました。同じ工具がいくつも、いろいろな場所に点在していたのです。

そこで工具の「見える化」です。必要な工具がすぐに見つかってパッと手に取れるように、見える場所に工具を保管することにしました。こうすることで、どこに何があるかがすぐにわかります。

さらにボードに工具をかけることで、「ここにあるな」と思った瞬間に手に取ることができるようにしました。

余談ですが、最初は工具を吊り下げるとき、柄にあたる部分を上にして吊り下げてい

ボードに工具をかける

ました。工具の柄の先にはフックに引っかけられるように穴が空いています。その穴をボードの金具に引っかけて吊るしていたのです。

あるとき、カイゼンの生みの親であるトヨタ自動車の方が見学にこられました。その方はボードを一瞥して言いました。

「吊り下げ方が逆向き！」

柄を上にして吊り下げておくと、手に取ったあとに持ち替えなければならない。その一瞬もムダであるというのです。

「トヨタはここまで徹底しているのか」と静かに感動したのは言うまでもありません。

・清掃

「整理」「整頓」が進んだら、次は「清掃」です。

清掃は、身の回りをきれいに掃除することです。

やはり、散らかっていると大事なものを見落としやすいものです。

清掃のポイントは、きれいにすることを目的にしないことです。空間がきれいになると気持ちがいいのでついやり過ぎてしまうものですが、これでは「やり過ぎ」というムダが生じてしまいます。

また、「きれい」の基準は人によっても違いますから、基準を決めないと、ここでもやり直しのムダが生じてしまいます。**「何のために清掃をするのか」という目的を設定することにより、どこまで清掃すればよいかの基準が生まれます。**

整備部門では「床プロジェクト」と題して、エンジン工場の床をきれいに清掃しました。床は磨き上げられ、床に棚や工具がきれいに映り込むほどピカピカになりました。格納庫の床もきれいに清掃しました。

今もきれいな状態を保っていますが、目的はきれいにすることではなく、そこにある

ピカピカになったエンジン工場の床

飛行機やエンジンの不具合に気づくことです。

飛行機やエンジンに不具合があると、本来なら漏れないはずのオイルが機体やエンジンから漏れることがあります。オイルは透明な液体ですから、床に落ちていても気がつきにくいのです。

しかし工場や格納庫の床面がきれいに清掃されていると、一滴でもオイルが落ちていたら目立つので、すぐに気づくことができます。

「なぜここにオイルが落ちているんだ？」と気づいた整備士が頭上を見ると、オイルがどこから落ちてきたかわかるため、すぐに必要な処置を行うことができます。

しかし床が整備士の足跡やオイルが落ちたままで汚れていれば、そのあとに落ちた小さなオイルに気づくことなどほぼ不可能です。


いつ行っても、ゴミや埃《ほこり》だけでなく、塵《ちり》一つないディズニーランド。パークの床清掃の目安は「赤ちゃんがハイハイしても汚れないくらい」という話を聞いたことがあります。

ここでも、どこまで清掃すればいいかの基準がはっきりとしているのです。

・清潔としつけ

「清潔」は3S（整理・整頓・清掃）が継続的に実施されている状態です。

整理、整頓、清掃の3Sを維持し続けるためには、仕組み作りが欠かせません。

最後の「しつけ」とは、3Sを維持する仕組み作りを行い、一人ひとりが3Sを習慣にすることです。「しつけ」というと上から目線なので、ANAでは「しつけ」よりも

「習慣づけ」や「習慣化」という言葉を使っています。

「清潔」についてもＡＮＡでは工夫をしました。本来は３Ｓを継続的に実施されている状態です。そこで職場ごとに能動的に取り組めるように、呼び方を「仕組み」に変えました。

「進化させる（Step Up）」「成長（Spiral Up）」「即実行（Speedy）」など、職場ごとに工夫したネーミングにしたところもあります。

５Ｓを単なる掃除で終わらせてはいけない

ＡＮＡでは５Ｓを、職場を清潔に保つだけではなく、「高い品質」と「高い生産性」を実現するためのカイゼン活動の第一歩として導入しています。

５Ｓの本質は、単に整理整頓や掃除をして職場をきれいに保つことではありません。ムダを徹底的になくし、作業の効率を高め、品質を向上させることです。

ＡＮＡで５Ｓを導入した当初、社内にうまく浸透していきました。しかし、活動が

職場の5Sと仕事の5S

	整理	整頓	清掃	清潔（仕組み）	しつけ（習慣づけ）
職場の5S	必要なものと必要でないものを分けて、必要でないものを捨てること	必要なものだけ置き場を決めて表示し、そこにきちんと置かれていること	身の回りや職場の中をきれいに清掃すること	3S（整理・整頓・清掃）の活動が維持できている状態	3S の活動が習慣化し、守っている状態
仕事の5S	仕事の現状を分析し気づいたムダを取ること	仕事の標準を作ること	常に点検し、異常を修正すること	同上	同上

進むにつれて、職場では「片づける」というテーマばかりに集中しがちになってしまいました。

片づけにばかりフォーカスすると、カイゼンの本来の目的である効率化や品質向上にまで意識が広がらなくなってしまうことがあります。

そこで**私たちは、5Sの取り組みの視野を広げ、単なる「職場の5S」だけでなく、「仕事そのものに対する5S」、つまり「仕事の5S」に展開することを考えました。**

これまでの整理整頓が「職場の5S」ならば、業務内容やプロセスを見直すことが「仕事の5S」にあたります。

「仕事の5S」は、次のように定義しました。

整理：仕事の現状を分析して、気づいたムダを取ること
整頓：仕事の標準を作ること
清掃：常に点検して、異常を修正すること
清潔：3Sを維持すること
しつけ：3Sを習慣にすること

仕事の5Sで書類の再提出をカイゼン

整備部門では、日々さまざまな書類を作成しています。設備の点検票のように毎日何枚も作成する書類もありますが、めったに作成しない書類も少なくありません。

頻繁に作成する書類については、作業に慣れることでエラーが少なくなります。し

かし、たまにしか作成しない書類の場合、実践する機会が少ないために、作業手順を何度学んでも抜け漏れが発生しやすくなります。

手順や要領がマニュアル化されていれば、調べながら作業を進められますが、その分余計な手間が発生します。

廃品検定書や訓練報告書などの書類を作成する業務においても、同様の問題が発生していました。

これらの書類は、現場である整備部が作成したあとに他部署のチェックを受ける必要があります。しかし、記入のルールがしっかり定まっていなかったため、書き直しや再提出などの余計な手間が頻繁に発生していたのです。

この課題を仕事の5Sを使ってカイゼンすると、次のような流れになります。

まず「整理」の段階では、現状を分析してどのようなムダがあるかを洗い出します。

この場合は、提出先の担当者とのやり取りにムダが発生していました。

整備士たちは、「整備部門（自分）が記入するのはどこまでだっけ?」「この書き方でいいのかな?」と毎回悩みながら書類を作成していました。その都度、提出先の担当者とやり取りをしながら進めていくのですが、担当者が不在で作業が止まってしまうこともありました。

続いて「整頓」の段階では、書類作成のルールを設定してこれらのムダを取り除くことにしました。

各書類の記入例を作成し、各項目に記載するときのルールや注意点を赤字で記載。困ったときには規定に立ち返って確認できるよう、準拠となる規定もそこに記載しました。2枚綴りになっている書類については、どれが1枚目でどれが2枚目なのかも明記するようにしました。役所に行くと記載台に記入例が貼ってありますが、あのようなイメージです。

こうして標準を作ることで、その都度担当者とやり取りする手間がなくなりました。書類を作るのが久しぶりでも迷わずに書類を作れるようになったことで、書類作成にかかる時間を大幅に削減することができたのです。

このように「職場の5S」に加えて「仕事の5S」を考えることで、どのようなテーマであってもスムーズに5Sに取り組むことができるようになりました。

7つのムダを取り除く

価値のない行動＝ムダ

最近はインターネットで買い物をする機会が増えています。

初めて訪れる購入サイトで何かを注文するときには、決済画面で住所や名前、連絡先やクレジットカードの番号などをすべて入力しなければなりません。

入力に不備があってエラーが出ると、入力していた住所や名前などがすべてリセットされてしまうショップもあります。

この場合はすべて最初から入力し直しです。もう一度必要な項目をすべて入力して「注文」のボタンをクリックしたところ、またエラーになってしまいました。このような状況は、作業をする人にとって非常にストレスです。

ムダが多い作業、ムダが多い仕事というのは、生産性が下がるだけでなく、作業する人のモチベーションも奪ってしまうのです。

カイゼンにおいても、ムダ取りが非常に重視されています。

カイゼンでは、作業を次のように3つに分類します。

- **正味作業**……付加価値を生み出す作業
- **付帯作業**……付加価値を生み出すわけではないものの、正味作業を行うために必要な作業
- **ムダな作業**……正味作業と付帯作業以外のすべての作業

生産性を高めるためには、付加価値を生まない「ムダな作業」を徹底的に排除しなければなりません。これが「ムダ取り」と呼ばれるものです。

価値を生み出していない仕事を減らし、価値を生み出す仕事の比率をできるだけ増や

すのです。

ムダは7つに分類できる

ムダには7つの種類があると言われています。一般的な分類を基本にANAでは「7つのムダ」を次のように分類しています。

①リソースのムダ

年末年始やゴールデンウィークなどの長期休暇の際には、多くの方が飛行機をご利用になります。こうした人の動きが活発な時期は空港もかなり混雑することが予想されるため、スムーズにサービスを提供できるよう、通常よりも多く人員を配置しています。

需要に合った人員数を配置することができれば良いのですが、天候などにも左右されるため、時には配置する人の数が多くなりすぎてしまうこともあります。

そもそも、ピーク時に迅速に人員配置できるようにするためには、ピークに合わせてリソースを確保しておかなければなりません。そうすると、万全の備えをしようとすればするほど、より多くの人員を確保しておかなければならないことになってしまいます。

皆さんにも経験があることと思いますが、業務をするにあたり、人は少なすぎても業務が回りませんし、多すぎても回りません。人が多すぎると意思決定に余計に時間がかかってしまいますし、人員が余剰になれば、必要のないところで人件費がかかってしまうことにもつながります。

これらは、後述する「④動作のムダ」「⑤移動のムダ」などに関連します。つまり、「リソースのムダ」は他のムダを誘発する可能性が非常に大きいムダであり、7つのムダの中で一番悪いムダなのです。

②在庫のムダ

同じペンが何本もある、必要以上にストックがあるなど、「なぜこんなにあるのか説明できないもの」は、すべて「在庫のムダ」に該当します。

多過ぎる在庫は、さまざまな問題を隠してしまいます。「もっと使いやすくて安い部品に変更したいのに、今ある在庫を使い切らないと変えられない」「棚卸しに余計な時間がかかってしまう」などです。

在庫が多い状態が慢性化すると「必要な分だけ持つ」という感覚がマヒしてしまうため、さらに作り過ぎてしまう、さらに持ち過ぎてしまうという弊害が起こります。

「整理」（要るものと要らないものを分けて、要らないものを捨てる）を進めて、とりあえず保管しておこうという感覚はなくしましょう。

③作業そのもののムダ

標準の状態を決めていないことによって、必要以上に仕上げ作業をしたりすることを「作業そのもののムダ」と言います。「床を必要以上にきれいに掃除する」なども、「作業そのもののムダ」です。

「作業そのもののムダ」をなくすには、目的を設定することと、その作業が本当に必要かどうかをチェックする視点が大切です。82ページで紹介した、エンジン工場での「床プロジェクト」のときのように、どこまでやるのかの基準を明確にすることが肝要です。

また、会議の資料を作成するときなどに、過剰な情報量の資料を作ったり、イラストやグラフの見せ方にこだわり過ぎたり、資料の内容よりもレイアウトが気になったりすることがありませんか？　これらはすべて「作業そのもののムダ」です。

「マニュアルに書いてあるから」「上司から指示されたから」といった理由で、本当に必要な作業なのかどうかを検討せずに行っている作業がありませんか？

「この作業、この工程、この検査は本当に必要かどうか？」という視点で見直してみましょう。

④動作のムダ

「動作のムダ」とは、付加価値を生んでいない不要な動きのことです。正味作業と付帯作業以外のすべての動作が「動作のムダ」に該当します。

「ファイルが見つからなくてあちこち探す」「書類の不備があって書き直す」などもそうです。

「整頓」（モノの置き場所を決めて表示して、そこに配置する）を進めて、必要なモノを探し回らなくてもいい環境作りを目指しましょう。

仕事ができる人は、用事がある度に移動するのではなく、一度の移動ですべての用事を片付けようとします。飲食店で働いた経験がある方は、「動作のムダ」がいかに作業効率を下げてしまうか、身をもって知っているのではないでしょうか。

日頃から作業者の動作を観察して、付加価値を生んでいないムダな動きがないかを探していると、「動作のムダ」に気づくことができます。

また、ベテラン作業者と新人を比べると、この違いがくっきりとわかったりします。ネットバンキングで済むのに毎日30分くらいかけて銀行に行くなども、「動作のムダ」と言えるかもしれません。

⑤移動のムダ

棚の前にモノがあると、奥にあるモノを出すためには、棚の前のモノを一旦どかさなければなりません。ここでは「前にあるモノをどかす」「また元通りにする」というムダが発生しています。まさに価値を生まない運搬・移動をしていることがよくあります。このように、必要以上にモノを移動したり、仮置きしたり、積み替えをしたりするのが「移動のムダ」です。

移動のムダ　モノが多くて奥のモノをすぐに取りだせない

⑥待ちのムダ

仕事をしていると、「前の人の作業が終わらないので、することがない」といった状況が発生することがあります。

例えば、「交通費精算の件で経理に問い合わせをしているけど、担当者が不在だった」「上司の決裁が下りるまで作業ができない」といったケースが「待ちのムダ」です。

一人で完結する仕事なら、空いた時間に他の仕事を入れたりして調整することができます。しかし分業で仕事を進めるときには、どうしても「待ちのムダ」が発生しやすくなります。

仕事の5Sを活用して整理、整頓する、

ムダが生まれないように計画を立てて進めるなど、作業者の手待ちを減らす工夫が大切です。

⑦不良・手戻りのムダ

不良品を廃棄したり、手直ししたり、作り直したりすることを「不良・手戻りのムダ」といいます。不良を作るムダは、作業工程の品質管理ができていない、標準を守らない、そもそも標準が設定されていない、などによって発生します。

仕事の5Sのところで廃品検定書の例を挙げました。このケースでは、書類作成のルールが定まっていないために書類に不備が生じてしまい、書き直しのムダが発生してしまいました。まさに、不良を作るムダが、手戻りのムダにまで発展した事例です。

不具合や品質不良に対して場当たり的な対応をしていると、いずれやり直しが発生します。「手戻りのムダ」になるのです。また、資料作成を依頼されたとき、期待レベルにない資料を作ったりすると、やり直しが求められることになります。ちょっとした手抜きが「手戻りのムダ」になる事例です。

ムダはなぜ生まれてしまうのか？

あらゆる仕事、あらゆる作業でムダは発生します。

カイゼンでは、ムダは「ムリ」と「ムラ」から生じると考えられています。

忙しいときに生じやすいのが「ムリ」です。「ムリ」とは負荷が能力を超えることを指します。ムリが発生すると、「安全」に悪影響があります。

年末年始やお盆などの人の移動が増える時期、空港は非常に混雑します。空港の手荷物カウンターにはひっきりなしにお客様が訪れ、長い行列になってしまうことも珍しくありません。

スタッフは少しでもお客様をお待たせしないように、急いで手荷物の受け取り作業をします。このようなときは、焦って手荷物につけるタグを落としてしまうなどのミスをする確率が上がってしまいます。

落としてしまったタグを拾う作業は「動作のムダ」。

つまり、「ムリ」をして作業を急ぐことによってムダが生じやすくなるのです。

多くの職場は、時期によって作業量に波があります。これが「ムラ」です。「ムラ」とは仕事にバラツキがあることを指します。ムラが発生すると「品質」に悪影響があります。

ムラをなくすためには、仕事量の可視化が重要です。日報などを使って、いつ、どんな仕事をしたか、その仕事にどれくらいの時間がかかったかなどを記録しておけば、それらがデータベースになり、「去年の今頃は人手が足りていなかったから、隣の部署からヘルプに来てもらおう」という見通しが立てられます。

また、人手が余ったときにとりかかってもらう作業をあらかじめピックアップしておけば、ムラが生じたとしても、ムダを最小限に留めることができます。

「ムダ」とは付加価値を生まないすべてのものを指します。ムダが発生すると「生産性」に悪影響があります。

仕事の量が読めない職場では、忙しくても回るように人員配置をします。そうすると、作業量が少ないときには人手が余ってしまい、ムダが生じます。これは「リソースのムダ」です。

このように、急いでお客様から手荷物を受け取ろうとしたために、応対の品質が落ちてしまうことも考えられます。つまり「ムリ」から「ムラ」が発生し、「ムラ」から「ムダ」が発生しているわけです。

このように、「ムリ」「ムラ」「ムダ」は密接に関連しています。

ムダの排除のためには、ムリな状態が作り出すムラを均一化することがポイントです。ムラが均一化されれば、必然的に業務が効率化されます。効率化されると少ないコストで業務ができるので、生産性の向上につながります。

「標準化」でムダがわかる

生産性を高めるためには、価値を生み出していない仕事をできるだけ減らすとともに、価値を生み出す仕事の比率をできるだけ高めることがポイントです。そのために欠かせないのが「標準化」です。

標準化を進めることで、人によって品質やかかる時間にばらつきが出ることを防ぎます。例えば料理のレシピのようなものです。標準な手順が決まっていると、最適な手順で誰もが料理することができるようになるので、成果物の料理の出来具合も均一になるのです。いい方法が見つかった際には、一斉に変更をすることもできます。

業務の標準化ができていないと、どの工程にムリ、ムラ、ムダがあるか把握できません。「この作業は60秒で終える」という標準があるからこそ、「100秒かかっているということは、40秒の何らかのムダが生じている」ということが見えてくるのです。

業務の標準化ができていれば最適な手順で効率的に業務ができるため、カイゼンによってさらに効率的な方法を見つけたときにも、ムリなく、ムラなく、新しい手順に移行することができます。

料理をするときには、使う材料をその都度冷蔵庫から取り出すよりも、最初に必要な材料をすべて冷蔵庫から取り出してキッチンに並べたほうが、その後の効率はよいものです。「料理をするときには、まず必要な材料をすべて用意する」というルールを作ること。これが**作業の標準化**です。

標準化を進めるときにも、まずは5Sからです。作業そのもののムダを徹底的に取り除いてから標準を設定しないと、全員でムダな作業を行うことになってしまいます。

ムダを削減し、年間4000万枚の紙の消費が1／2に

整備部門でムダ取りを行い、大きな成果が現れた事例を紹介します。

整備士は一つひとつの手順を正確に行っており、それらはすべて記憶に頼るのではなく客観的なマニュアルや手順書に従い実施し、チェックシートに基づいて確認を行っています。

このマニュアルや手順書、チェックシートは、紙に出力されて運用されることが少なくありません。

ANAが保有している飛行機の数は、約270機。国内線、国際線合わせて1日約

900便が運航し、約16万人以上のお客様を運んでいます。

飛行機の整備は重層的に行っています。まず、航空機の運航に合わせて実施する整備として、飛行前点検、飛行間点検、アライバル点検があります。飛行前点検は毎日の最初の飛行前（初便）に行う点検整備、飛行間点検は毎日の第2回以降の出発前に行う点検整備、アライバル点検は翌日の飛行に備えて毎日の最終便到着後に行う点検整備です。

また、飛行時間や期間によって定められた間隔で実施する定時整備として、A整備とC整備があります。A整備もC整備も機種によって整備の間隔は違います。A整備は数100時間ごとに実施します。C整備は自動車の車検のようなもので、1～2年ごとに、長い場合は2カ月くらいかけて実施します。日頃は点検できないようなパネル（航空機の点検口）を開けて、構造部材に腐食がないかなどの点検も行います。

これら点検整備、定時整備は、マニュアルに従って確実に実施しなければなりません。私たちANAの整備部門は、マニュアルを紙に印刷して、手順を一つひとつ確認して実施する、「消し込み」という手続きをしながら進めていました。

これらの整備作業の各工程で、大量の紙が使われていました。紙なので汚れたり破れたりしやすく、不便を感じていた現場の整備士から現状を改善したいという声が上がりました。

そこで取り組んだのが全員に配布されているタブレット端末の活用です。点検票やマニュアルなどを、紙ではなくタブレットにデータを入れて持ち運ぶことにしました。

これで、わざわざ紙にチェックする必要がなくなりました。シンプルな動作に変わったことにより、こまごまとした負担が軽減されたのです。

「紙に頼らない仕事」「紙を使わない仕事」という「ノンペーパー」を進めたことで、コストを大幅に削減することもできました。ペーパーレスは紙をできるだけ使わないことを思考しますが、私たちが進めたのは「紙に頼らない」仕事、「ノンペーパー」です。

コロナ前2019年当時、整備部門で使用していたA4サイズのコピー用紙は年間4000万枚以上です。

紙1枚の厚さはわずか0・05ミリから0・1ミリ程度と非常に薄いわけですが、それが4000万枚重なると、いったいどれほどの厚さになるか想像できますか？

紙は、1万枚で約1メートルになります。4000万枚を縦に積み重ねていくと、約

4000メートル、なんと富士山を超える高さになるのです。

「現状分析」を行うことで、これだけ大量の紙を使用していたことが見えてきました。

紙に印刷して印かんを押すという工程から、システム内のデータのまま点検や承認するという方法に変えていったりもしました。このカイゼン活動によって、年間4000万枚使われていた紙の量を約2年間で半分の2000万枚まで減らすことに成功しました。ノンペーパーの活動は今も続けています。本書が出版される頃には、さらに紙の消費量は減っているでしょう。

動線のカイゼン

左の図を見てください。これは、ある整備士の1日の動きを記録したものです。この図は「**スパゲティチャート**」**と呼ばれるもので、対象者の1日の動きを可視化するためのツールです。**

これを見ると、1日のうちに何度も訪れている場所もあれば一度しか訪れていない場所もあるということがわかります。

作業デスクの周りをうろうろしながらも、離れた場所に何度か移動していますね。この離れた場所の移動に、ムダが潜んでいる可能性があります。

いつもせわしなく動き回っている、移動が多いなどの問題があるとき、その動作が正

スパゲティチャート

オフィスのレイアウト例

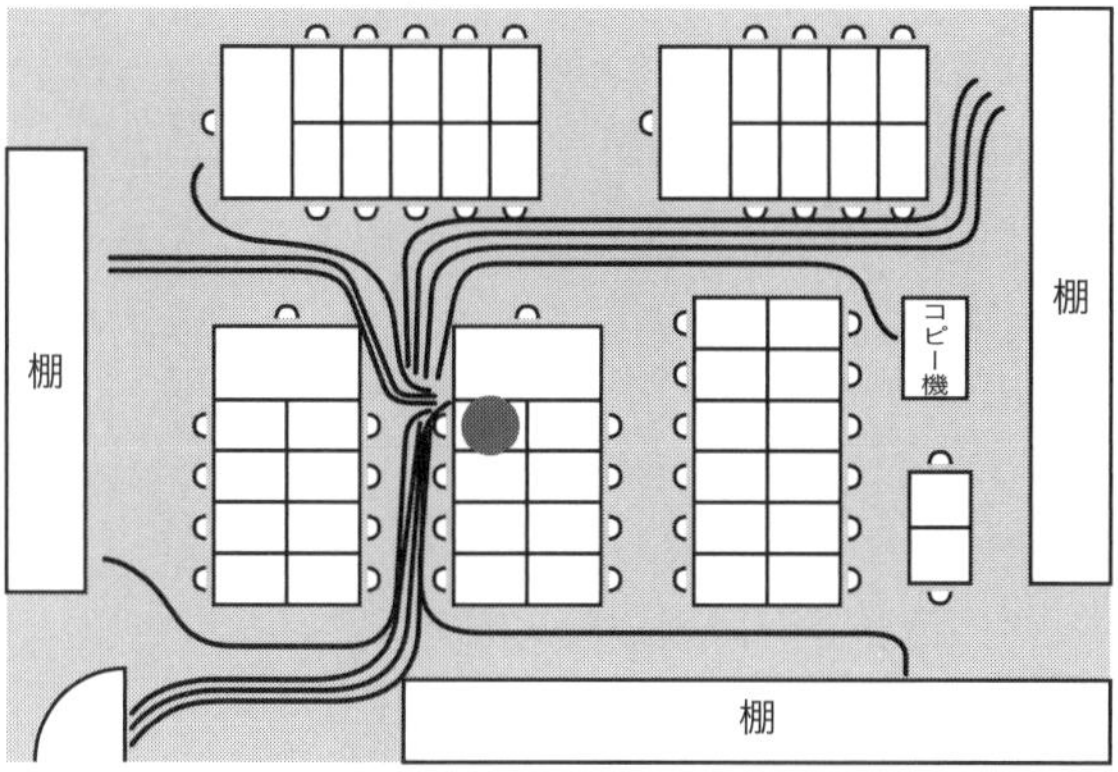

味動作であればよいのですが、付帯動作であったとしても、「そこにモノが置いてあるから取りに行く」などの移動動作を繰り返していては問題です。ムダな動作になっている場合は、動線のカイゼンに取り組むチャンスです。

このケースでは、整備士が仕事をする際に作業デスクの周辺に必要なモノが揃っていないことがわかります。

家でも職場でも、私たちは壁に沿って大きな家具を配置しがちです。洗濯機や冷蔵庫を部屋の中央に置く人はいませんね。レイアウトを決めるときには、まず大きなモノの置き場所を決めてから、そのあとに小さい家具などを置いていきます。

自宅ならそれでいいのですが、**仕事の場合は発想が逆で、よく使うものほどすぐ手が届きやすいよう、中央に配置するべきです。すなわち、作業者の動線によってレイアウトが決められるべきなのです。**

人の動きを可視化してくれるスパゲティチャートは、現状の配置の悪さに気づき、どう配置すると良くなるのか、を決めるのに非常に役に立ちます。

スパゲティチャートは特別なシステムがなくても作れます。まず作業場所のレイアウト図を用意し、実際に移動の軌跡をレイアウト図に記録していけばいいのです。スパゲティチャートを作るときには、他の社員に協力してもらうとスムーズです。

１５３ページで紹介する伊丹空港のＡＮＡのカウンターの事例では、多客期には手荷物お預けの手続き待ちのお客様が長蛇の列を作ってしまい、お盆などには最大50分待ちが発生していました。しかし手続き状況を可視化してカイゼンに取り組んだことで、半年で最大15分にまで待ち時間を短縮することに成功しました。

お待たせしている時間は日常的に計測していませんが、１日の中では特に混雑していると感じる時間に計測した現状に対して取り組みました。

これは、２０１６年に取り組んだものです。当時の伊丹空港のスタッフがどのようにカイゼン活動に取り組んだのかについては、第5章で詳しく紹介します。

ツールの見直し・プロセス変更

今使っているツールは最適か？

いいツールは仕事の質を高めてくれますが、自分が使いやすいようにツールを整えることでさらに仕事の質を高めることができます。

ツールの見直しの大切さがわかる寓話に、『木こりとノコギリ』の話があります。

ある男が深い山道を歩いていると、一人の木こりが汗をいっぱい流しながら、ノコギリで木を切っているところに差し掛かりました。

木こりはがっしりとした体格で、見るからに力もありそうです。しかし、力を入れている割には作業が進んでいません。

男はあることに気がつきました。ノコギリの歯がボロボロになっているため、木が切れていないのです。そこで男は木こりに声を掛けました。

「少し目立て（歯を鋭く研ぐこと）をしてはどうですか？」

すると、木こりは大声でこう叫びました。

「俺は今、見ての通りすごく忙しいんだ！　日が暮れるまでにここらの木を切らなくちゃいけないんだ！　そんな暇なんかあるもんか！」

目立てをしている間は、「木を切る」という直接の行動はできませんから、作業が止まっているように感じます。

木こりはそれに焦ってしまったのでしょう。しかしノコギリをそのまま使い続けても木を切ることはできません。


この寓話には、目の前の作業をすることに精一杯で、それを効率良く進める工夫をする余裕がない様子がよく表されています。もし木が切れない理由を分析する力があれば、体力も時間もムダにすることはなかったはずです。

歯を研ぐ以外にも、ツールや仕組みの変更の方法としては「電動ノコギリに換える」ことも考えられますね。**どんなツールが世の中にあるのかを知ることで、良い案がどんどん浮かんでくるようになります。**

変化が早い現代においては、情報を集めることもツールの見直しのために欠かせません。

今行っているプロセスは最適か？

コロナ禍でリモートワークが主流になった頃、ハンコを押すために出社する人が話題になったことがありました。

紙の書類が今よりも主流だった数年前は、決裁印は紙に押印するという運用をしている会社がほとんどでした。ＡＮＡでも紙文化が根強く残っていた時期です。

皆さんの職場にも、創業からずっと同じ手順で行っている作業はありませんか？

飛行機の整備は手順が厳格に定められていて、マニュアルから逸脱した手順で整備を行うことはできません。しかし現場で仕事をしていると、「マニュアル上はA↓B↓CというA手順で点検をするように定められているが、A↓C↓Bのほうが確実に効率が上がる」と悶々としてしまうことがあります。

そのようなときには、現場の整備士が担当者に「A↓C↓Bの手順のほうが効率的なので検討してください」と伝えます。

担当者は手順を変えても不都合がないか関係者と協議し、A↓C↓Bというプロセスで問題ないという返答がきたら、正式にプロセスの変更が行われます。

人は無意識に、マニュアルや慣習に現状を合わせてしまいがちです。しかし、必要に応じてプロセスそのものを変えていくこともカイゼンの一つです。

一人ではできないカイゼンを進める「TAKO」のしくみ

カイゼンの内容によっては、一人で解決できるものもあれば、何人も集まらないと解決できないものもあります。

また、上司の決裁が必要なもの、新たなツールや設備の購入が必要なもの、仕組みやルールを変える必要があるもの、他部署の協力を仰ぐ必要があるものなどは、一人が「カイゼンしたい」と思ってもなかなか進められません。

自分一人では進められないようなカイゼンの場合は、周りの協力が得られなければ本人の意欲も失われてしまいます。「声を上げてもムダなんだな」「自分がカイゼンしたいと思ってても協力してもらえないんだな」と気持ちが下がってしまい、「もう声を上げるのはやめよう」と思われてしまいかねません。

そこで、**他部署と連携してうまくカイゼンが進む仕組みを、会社が整える必要があります。**

社員たちがせっかく見つけたカイゼンの原石を取りこぼしてしまわないよう、ANAの整備部門には「TAKO（TEAM ANA Knowledge Operation）」というシステムがあります。TAKOは、現場で働く整備士と管理部門（スタッフ）をつなぎ、カイゼン活動を共有・見える化するためのシステムです。

現場で課題が見つかったものの、管理部門の調整がなければ実現できないようなカイゼンについては、課題をTAKOに入力して管理部門と共有します。管理部門の担当者はその課題に対応し、TAKOを通して提案者に結果をフィードバックする仕組みです。**TAKOでは、カイゼン案を受け取った管理部門の担当者は必ず、遅くとも3カ月以内に返信をすることをルールにしています。**結果が出るまで時間がかかるときは、「メーカーと連絡を取り、調整中なので、もう少し待ってください」などと途中で検討状況を返信します。

現場とスタッフの連携

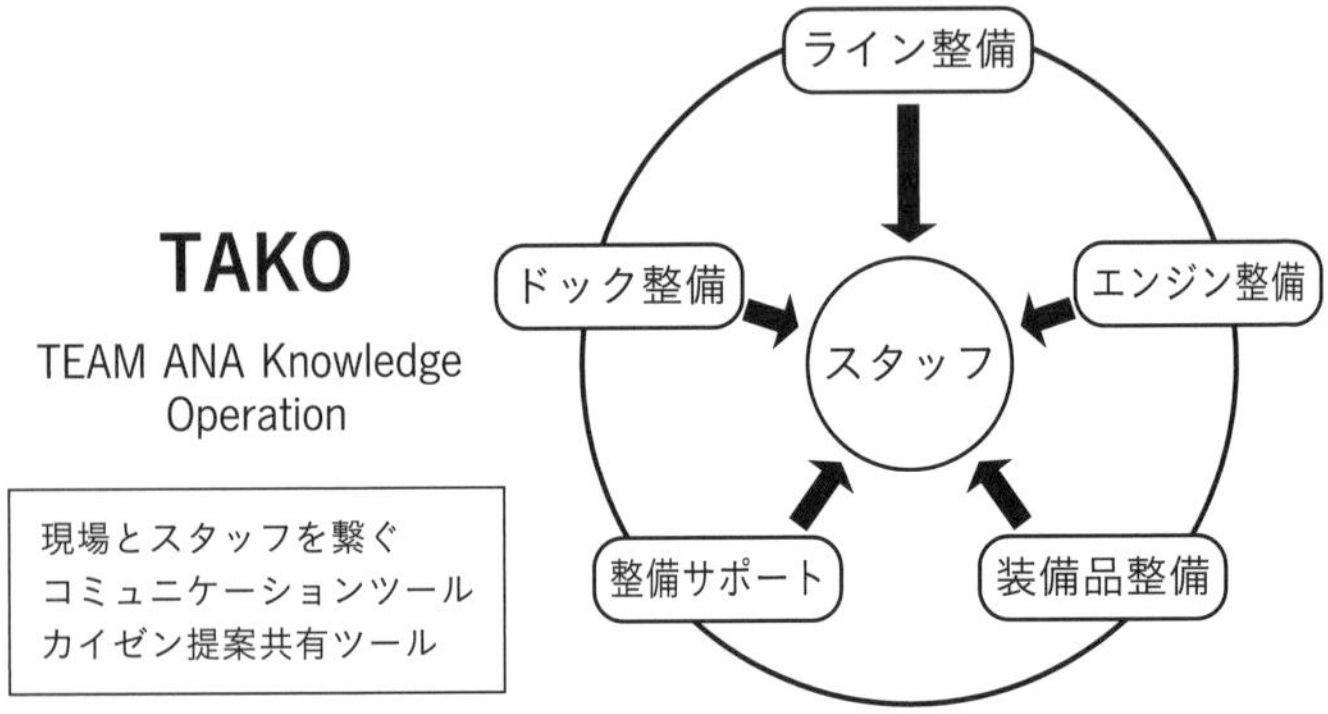

フィードバックを受け取ることで、現場の整備士は手応えを感じられます。**自分の提案が検討されていることがわかるので、管理部門に対して信頼感を持つことができます。**そうすると、次の気づきもＴＡＫＯに入力したくなるのです。

このようなカイゼンのキャッチボールの繰り返しが功を奏して、２００１年の導入からこれまでにＴＡＫＯに発信されたカイゼン案は６万件を超えました。

今では、年間平均２５００件の発信がＴＡＫＯを通じて行われています。

ＴＡＫＯを通じて、数百万円単位の費用削減に成功したケースもあります。飛行機の整備をするときには、劣化した部品や破損しそうな部品などを新しいものに交換することがあります。

手順書には「アッセンブリ（複数のパーツがひとまとまりになっている状態のこと）交換をするように」と指示されていることがあるのですが、多くの場合、壊れやすい部位は偏っていることがわかりました。それなのに、アッセンブリ交換では、壊れていない部品まで交換することになっていたのです。

「アッセンブリ交換ではムダなコストが発生する」と考えた現場の整備士が、「アッセンブリではなく、一部の部品だけを交換するというやり方に変えたい」と考えました。しかし、整備の手順は現場で勝手に変えることはできません。そこで、ＴＡＫＯを通じて「部品の交換仕様を変更してほしい」という意見を発信しました。

ＴＡＫＯの取りまとめをしている担当者はこれを見て、部品の交換手順を決定している部署や部品の購入をしている部署と連携しました。担当部署がメーカーなど関係する会社と交渉した結果、アッセンブリ交換のときに比べて1／10以下のコストで済むようになったのです。

問題が起きたとき、自分でカイゼンできないとなると、どうしてもその先に進むことができません。TAKOのように仕組み化することで解決することもありますので、ぜひ自社に合った方法を試してみてください。

第4章

カイゼン事例は全社で共有する

「褒め合う」文化がカイゼンの追い風になる

ANAでは、社内のカイゼン事例は誰でも自由に真似することができます。**「どんどん共有して、どんどん真似る」ことができているのは、ベースに「褒め合う」文化があるから**です。

この「褒め合う」文化を象徴とした取り組みが「Good Jobカード」です。この取り組みがなければ、ANAのカイゼン活動はここまで大きく広がっていなかったかもしれません。

Good Jobカードとは、その名の通りで「この人、良い仕事するな！」とか「この人のお陰で仕事が進んだ！」と思った人に対して、その思いや感謝を伝えるためのメッセージカードです。「サンキューカード」と言ったりもします。

2001年から始まったこの活動もANAグループ全社で取り組んでいて、今では年間90万件近くのGood JobカードがANAグループ内のあちこちで飛び交っています。

このGood Jobカードは導入当初、紙のカードでした。現在は紙のカードの運用はしていません。すべて社内ネットワークの中で運用しています。「この人のおかげで仕事が楽にできたな」とか、「大変なときに手伝ってくれて、すごく助かった」とか、「あのアドバイスすごくためになった」というように、仕事で助けてもらったりしたときに、「あのとき助けてくれてありがとうございました」などのメッセージを入力して、感謝する相手に送るのです。

自分の部署内だけでなく、グループ内の他社の人にGood Jobカードを渡すこともあります。もちろん、もらうときも同じです。私も、何枚もGood Jobカードを他社の人に書きましたし、いただいたことがあります。

現在、Good Jobカードは社内ネットワーク内で運用しているので、自宅でも、どこにいても入力ができます。導入当初の紙のカードで運用していたときと比べると運用しやすくなりました。この気軽さが年間約90万件の発行を支えています。

さらにGood Jobカードには、表彰制度があります。年間にGood Jobカードをもらった合計枚数、自分が人にGood Jobカードを渡した回数を集計して、回数が多い人を表彰するのです。

人だけでなく、部署や組織ごとにも表彰する仕組みにしています。回数が多いと、部署にも貢献できるわけです。

Good Jobカードも、導入してからすごい勢いで広がっていきました。「楽しいことは広がっていくんだな」「人は褒められると嬉しいものなのだな」ということを、カードを通して私たちは体験したのです。

人を動かすのは理論ではなく感情であると言われたりしますが、まさにGood Jobカードは、ANAグループ一人ひとりの心をワクワクさせる取り組みだったと言えるでしょう。

このことが成功体験としてあったので、カイゼンを導入するときも「Good Jobカードの要領で進めていけばいい」と考えることができました。

カイゼンを導入するときに一人ひとりが不安を抱いてしまうよりも、「Good Job カードのような感じで、楽しい取り組みが始まるのかも？」と思えた。このことが、カイゼンの導入をスムーズに広めるために役に立ったのではないかと考えています。

誰かのカイゼンを真似れば、自分のカイゼンも倍速で進む

一人ひとりが目の前の仕事についてカイゼンし続けていけば、カイゼンの事例は山のように蓄積されていきます。その中には、隣の部署の人のヒントになる事例もあることでしょう。

私たちが他社のカイゼン活動を見学に行ったときにも、そこで繰り広げられているカイゼン活動に大いに感銘を受けました。一つひとつはなんということはない簡単な取り組みに見えるのですが、なかなか自分では思いつかないことばかりだったのです。

カイゼンしたいことはあるのに解決方法が思いつかないとき、他人の事例が大きなヒントになったりするものです。

JR東日本の東京総合車両センターを見学させてもらったときのことでした。

ボルトの数をチェックする板

電車の車両は上部にエアコンがついています。見学させていただいた当時、エアコンは2社のメーカーのものが使われていました。そのエアコンメーカーを仮にA社、B社とします。

A社のエアコンは34個のボルトで天井に設置されており、B社のエアコンはボルトが42個ありました。

エアコンを点検するときは、これらのボルトをすべて外してからエアコンを取り外します。ボルトを点検中に紛失しないようにJR東日本ではある工夫をしていました。ボルトの数だけ穴が開いた板に外したボルトを並べていたのです。

点検が終わってボルトをつけ直すときには、板に並べているボルトがゼロになればすべて取りつけ終えたことになります。いちいち数える必要がないため、抜け漏れも出ず作業効率も上がるというわけです。目で見る管理です。

ちなみにこの板はエアコンのメーカーによって使い分けるのではなく、どちらのメーカーも同じ板を使います。B社に合わせて42個の穴を開けておくのですが、A社のエアコンを点検するときには上に木枠を置いて余分な穴を塞いでいました。

飛行機のエンジンを点検するときにも、大量のボルトを取り外し、取りつけをします。JR東日本でこの板を見たとき、「これはいいな！」と感動しました。マジックの種明かしのように、トリックがわかると簡単なことなのですが、なかなか思いつかないものです。

エンジン工場では、この発想に倣《なら》ってボルトの管理方法について変更した事例が少なくありません。

感動した！　思いつかなかった！　悔しい！　自分で体験したことではなくても、こうした感情が伴うと、自分で体験したのと同じくらい強いインパクトで記憶に残りま

す。強く記憶に残ったものは、必要なときにすぐに思い出せます。自分の中にカイゼンのヒントが蓄積されていくのは、とても楽しいものです。

仕事で何か解決したい課題が発生したとき、「そういえばあの会社は同じような課題に対して、こんな方法でカイゼン活動をしていたな！」と思い出せれば、カイゼンのヒントとして活用することができます。

せっかくANAの社内でもカイゼン事例がたくさん生まれているのですから、これらを活かさない手はないと私たちは考えました。みんなのカイゼン事例をみんなで共有すれば、絶対に誰かの役に立つはずです。

そこでANAでは、**社内でカイゼンを共有する仕組みを作っていきました。**それが、これからご紹介する「**ビフォーアフターシート**」「**カイゼン掲示板**」そして「**KAIZEN AWARD**」です。

これらの取り組みにより、ANAのカイゼン活動はさらに広がっていきました。中にはチームで成果の上がったカイゼン活動を他部署や他空港に横展開するケースも出てきています。

自分がしたカイゼン活動を「見える化」しておくことで、みんながタダで人のカイゼン活動を知ることができる。それによって、今まで思いつかなかった新しいアイデアが生まれることがあります。しかも、試行錯誤したり調べたりすることにかかる時間を大幅にカットすることができるのです。

「ビフォーアフターシート」でカイゼンの前後を1枚の紙に記録する

カイゼン活動を社内で共有するための取り組みとしてまずご紹介したいのが、ビフォーアフターシートです。

これは、カイゼン前（ビフォー）とカイゼン後（アフター）を1枚の紙に記録するというとてもシンプルなもので、カイゼンの効果がひと目でわかります。

カイゼンが終わったら、このシートを作成します。ここに書かれていることは、誰でも真似してOK！　もちろん、発案者に許可を取る必要もありません。「どうやって進めましたか？」「このカイゼン活動に必要なものは、どこで買いましたか？」というような質問がきたら、喜んで答えてくれる人ばかりです。

カイゼン導入当初の数年間は、整備部門だけでも年間２５００件のビフォーアフターシートが作成されていました。ところが、近年では取り組みが定着してきたため、すべての取り組みに対してビフォーアフターシートを作成するのではなく、作成する事例を取捨選択していると聞いています。それでも、ＡＮＡグループ全社を合わせると、その件数は相当数になると思います。

ビフォーアフターシートの書き方

・カイゼンテーマ

今回のカイゼン活動のテーマを簡潔に記載します。

・Before/After

シートの左がビフォー(Before)、右がアフター(After)です。

それぞれ、状態を簡単に書きます。長々と書いても読んでもらえないので、パッと見て理解できるよう、シンプルに要点をまとめます。

ビフォーアフターシート

カイゼンテーマ：装作基等ラック引き戸の取り外しによる視認性、アクセス向上

Before	After
【Before の状態】（カイゼン前の状態がわかる説明を書きましょう） 引き戸があることで装作基等のファイルが見えづらく、 かつ引き戸の開閉が生じて取り出しにくかった。	【After の状態】（カイゼン後の状態がわかる説明を書きましょう） 引き戸を取り外したことにより装作基等のファイルが 見やすくなったとともに、取り出しやすくなった。

完了日：2015 年 1 月 22 日　**カイゼンに要した時間と費用**（概算）20M/H　0 円	

また、写真やグラフなどを使って実際の状況を表示します。定点観測ができるよう、基本的に写真なら同じ場所を撮影します。

例えば「棚からファイルが取り出しにくいから、引き戸を外してすぐに手に取れるようにしたい」ということであれば、ビフォーには引き戸がついた状態の写真を、そしてカイゼン後の「アフター」にも同じ画角で引き戸が外された状態の写真を使うと、他の人が見たときにわかりやすいものです。

カイゼンを行う上で工夫したことがあれば、それも書きます。

・完了日

カイゼン活動が完了した日を記載します。

・カイゼンに要した時間と費用

作業に要した時間と費用は数字にすることがポイントです。他人が取り組みを真似るときに参考になる情報だからです。

「新たに棚を買い足した」ということであれば、棚の費用を記載します。ちなみに実際の引き戸のカイゼン例では、単に引き戸を取り外しただけなので費用はかかっていません。また、カイゼンにかかった時間は約20分でした。

時間や費用は厳密に計算する必要はなく、概算でも構いません。なぜなら、効果を積み上げた数字を人員計画に使ったり、人事評価の根拠にしたりはしないからです。

なお、カイゼンの事例によっては、カイゼンしたことで本来かかっていたコストが削減できることもあります。そのようなときは、「カイゼンによって削減できたコスト」なども追記するようにします。

ビフォーアフターシートの留意点

・ポイントを簡潔に

作業や効果について説明するときには、つい文章が長くなりがちです。あとから見た人が要点を押さえやすいよう、ポイントを絞って短く書くようにします。

また、書くことが少なくなることで、シートを作る人にとっても負担が少なくなります。

・1枚の紙に収める

カイゼンによっては、数十分で終わる簡単なものもあれば数日かかるもの、ものによっては数カ月かかるような大がかりなものもあります。どのような大がかりなものであっても、あとから見やすいようにシートは1枚にまとめます。

・成果を人員配置のデータに使わない

ANAグループでは、「〇〇工数の削減効果は、配置人員△△人削減の効果あり」などと、カイゼン活動の成果を人員配置のデータとして使うことはありません。一人ひとりがいかに楽をしたいかをカイゼンの原石にして進めているはずなのに、自らの首を絞めることになる活動が続くはずがないからです。

「人員配置のデータとして使わない」という約束があるからこそ、一人ひとりが精一杯知恵を出し、取り組むことができるのだと考えています。

・シートは職場に貼り出して共有する

作成されたビフォーアフターシートは、オフィスや廊下の壁などにまとめて掲示します。すると掲示されているカイゼン事例を見た他の社員が「すごいね！」と褒めてくれたり、「自分も同じ悩みを抱えていたけど、この方法は思いつかなかった！」と驚いたりしてくれます。自分が取り組んで出てきた成果に対する生の反応が見られるわけです。

人は社会的な生きものですから、他者からの反応は嬉しいもの。成果に対して反応が返ってくることも、ビフォーアフターシートが続いている要因だと考えています。

現在はシートをネットワーク内で共有する部署が増えています。管理の簡素化がねらいです。

スマホで共有できる「カイゼン掲示板」

カイゼン事例を共有するツールとして、「カイゼン掲示板」があります。スマホやパソコンなどの手元のデバイスで簡単に見ることができる「手のひらの知恵」と言ってもいいものです。

掲示板には、毎日のようにカイゼン事例の報告が流れてきます。掲示板は社内SNSのようなもので、投稿に対して「いいね！」などのスタンプを押してリアクションすることができる仕組みです。

投稿されたカイゼンについて質問したいときには、その投稿に返信する形でコメントすることができます。

「そのカイゼンをうちでも進めたいのですが、どのような準備が必要ですか？」

「これは準備しておいたほうがいいですね」

「今うちでもこのように進めているのですが、壁にぶつかっています」

「うちではこうやってカイゼンを進めてみました」


掲示板では、こんな会話が毎日行われています。カイゼン活動を行った担当者と直接コミュニケーションが取れるのも、掲示板の大きな利点です。

プッシュ型の情報発信、「見える化」がカイゼン活動を自主的に進めていける理由の一つです。

誰も強制しないのにアウトプットが広がる理由

本書では何度か述べていますが、ANAではカイゼン活動を行うことを、一切社員に強制していません。カイゼンを導入してから一貫して「カイゼンしたければすればいいし、したくなければしなくていい」という態度を貫いています。

そして、**ビフォーアフターシートの作成やカイゼン掲示板の投稿も、義務ではありません。ところが、多くの社員が自主的にこれらのことに取り組んでいます。**

シートへのアウトプットには、次のような作業が発生します。

カイゼンする課題を決めて、現状を写真などで記録する

↓

カイゼン活動が終わったらまた写真を撮る
←
時間やコストを計測して記録する

自分の活動を記録するという作業をしたことがある方なら、この記録作業が地味に面倒であることは共感いただけると思います。

さらに大がかりなカイゼンを行った場合、カイゼンの前後を比較した詳細なグラフや図表を作成する必要が出てきます。

このように活動の記録を残すのは大変なのですが、社員は業務時間を割いてまで自発的に取り組んでくれているのです。

これは、「口コミ」を言いたくなる心理に似ているような気がします。

素敵なお店があったら、ついみんなに教えたくなりませんか？

「あの定食屋、ご飯のおかわり無料だったよ！」「駅前のスーパーで半額セールしてたよ！」「この間グループの納涼会でこのお店に行ったけど、すごく美味しくてお店の人も親切だったよ！」といったように、嬉しいことがあるとつい人に話したくなるものです。

カイゼンもそれと同じで、「こんなことをしたら仕事が楽になったよ！」「こんなに便利になったよ！」とみんなに伝えたくなるのです。

社員が積極的にカイゼン活動の報告を行う背景には、自分の活動によって誰かが喜んでくれることがやりがいになっているという要因もあります。

自分のしたことが多くの人の役に立つと、大きな達成感や手応えを感じられます。

カイゼン掲示板は、カイゼン導入当初に整備部門を中心に実施したものです。カイゼン活動の報告を廊下に貼り出し、共有しました。現在は社内ネットワークで展開しています。

仕事は、誰かのために行うもの。しかし、その「誰か」が見えないと、誰のために毎日頑張っているのかを見失ってしまいます。**カイゼン掲示板は、自分が誰かに貢献できていることを見せてくれるものであり、感じさせてくれるものでもあるのです。**

ＡＮＡのカイゼン事例を他社の方にお話しすると、皆さんとても驚かれます。「本当にお尻を叩いたりしていないのですか？」「嬉しいというだけで、こんなに広がるものですか？」と目を丸くされる方が多いのですが、「そうなんです」としか答えられないというのが、もどかしいところでもあり、誇らしいところでもあります。

素晴らしい取り組みは「KAIZEN AWARD」で表彰する

いいカイゼンは称賛される

スキルアップのために新しいことを学ぶとき、定期的に試験を受けるなどしてアウトプットの機会を取り入れたり、定期的なフィードバックを受けたりすることによって自分の成長を確認することができます。成長していることが自覚できると、さらに成長したいという意欲が芽生えます。

スポーツや楽器などの習いごとには大会や発表会がつきものですが、学んだことを外に向けて発信する機会がないと、好きなことでも長続きしにくいそうです。

そこで私たちも、カイゼン活動における「ピアノの発表会」のような機会を作りたいと考えました。こうして生まれたのが「ＫＡＩＺＥＮ ＡＷＡＲＤ」という、年に一度の発表の場です。

ＫＡＩＺＥＮ ＡＷＡＲＤの背景には、「素晴らしい取り組みは全社で共有しよう！」という思いもあります。

ＫＡＩＺＥＮ ＡＷＡＲＤでは、「インプット部門」「アウトプット部門」と部門をわけ、それぞれに最優秀賞を決定します。

審査は投票制です。審査員はＡＮＡの社長や取締役などの役員勢が務めますが、その他にもカイゼン推進者や各部の部長などが審査員として投票権を持っています。

２０２２年のＫＡＩＺＥＮ ＡＷＡＲＤはオンラインとリアルのハイブリッドで開催し、約６００人の社員が参加しました。

ＫＡＩＺＥＮ ＡＷＡＲＤに出るための条件は特にありません。カイゼンを始めたばかりの人も、カイゼンを10年以上続けている人も等しくエントリーすることができます。

２０２２年のＫＡＩＺＥＮ ＡＷＡＲＤの応募総数は４７８件でした。それらを厳選し、素晴らしい成果を上げた事例や、全社に共有すべき事例などを10〜20件ピックアップします。こうして厳選された事例が、AWARDで発表の機会を与えられるわけです。

AWARDの最大の利点は、やはり「褒められる」こと。

最優秀賞を受賞するとANAの社長から直に表彰されます。そんな機会はそうそうないので、やはりみんな嬉しいようです。

「自分たちがやっていることを社長に見てもらいたいし、すごいことをやってるね、と褒めてもらいたい」。AWARDに応募する人が口をそろえて言う言葉です。**たくさんの人の前でカイゼン活動を発表し、フィードバックをもらうこと。それが次のカイゼン活動へのパワーになるようです。**

変化に強いものが生き残る

KAIZEN AWARDのプレゼンでは、「カイゼンできて、このような成果が出ました」という表現でプレゼンを終わる人は、ほとんどいません。皆、未来への展望を話したり、「さらなるカイゼンに向けて進みます」と言って締めくくります。

「カイゼンはし続けるもの」という意識が皆の中に芽生えたら、カイゼンの導入は大成功と言っていいのではないでしょうか。

例えば、133ページで紹介したように、棚の引き戸があるので、中のファイルが見えづらく探すのに手間がかかっていた。そこで、引き戸を外してしまえばいいのでは？と思いつき、実行したとします。これもカイゼンの一つです。

ここで「ファイルが見えづらい」という問題は解決したわけですが、「解決した！終わり！」となると、それ以上良くはなりません。

「もっと便利にファイルを取り出せないか？」「ファイルの背表紙の文字を大きくするといいかも？」とか、「ファイルを色分けするともっと見やすいかも」といったように、もっとファイルを見えやすくするためにカイゼン活動を重ねていければ、さらに仕事の質を高められます。

引き戸を外すカイゼンには続きがあります。中のファイルをもっと見やすくするため

棚板を斜めに取りつけてファイルの背表紙を見やすくした

に、中の棚板を斜めに取りつけました。ファイルの背表紙が少し上を向くので、さらに見やすく、見つけやすくなったのです。

2015年にカイゼンを導入すると決めたとき、カイゼンに取り組んでいる多くの企業に見学を申し入れたという話を先述しましたが、どこの会社も皆さん例外なく、嬉しそうにカイゼンについて話してくれました。

カイゼンは、業績向上やコスト削減の「隠し味」のようなもののはず。だとしたら、企業秘密として誰にも教えたくないと思ってもおかしくありません。

ところが真逆で、「なんでも聞いてください、何でも話しますよ」というスタンスで接してくれる会社が非常に多かったのです。

「こんなに惜しげもなくノウハウを教えてしまって、いいのですか？」

ある会社に見学に伺ったとき、思わず尋ねたことがあります。

このときの回答が今でも心に残っています。

「常に変化しているから問題ありません。私たちは日々カイゼンしているから、明日見にきても同じ姿は見られない。だから、別に今の工場を見られても痛くもかゆくもないのです」

担当者は、笑ってそう言いました。

それを聞いたとき、鳥肌が立ったのを覚えています。これこそが、カイゼンの本質だと感じたのです。

ダーウィンの進化論によれば、強い個体が生き残ってきたのではなく、環境が変わったときに変化に適応できた種や個体が生き残ってきたのだそうです。

振り返ってみてください。あなたの所属する業界で、10年前、20年前に最もシェアを誇っていた会社の中で今も第一線を走り続けている会社は、どれだけあるでしょうか？

航空業界も同じです。かつてアメリカには、世界最大の国際航空会社として名高いパンアメリカン航空という会社がありました。しかし1991年に破綻し、今はありません。

強者が勝ち続けるのではなく、変化し続けられる組織のみが生き残るのです。

カイゼンは変化そのものです。カイゼンを実践し、大きな成果を上げ続けている人たちは、みな嬉しそうに変化を受け入れ、歩みを止めずに変化し続けています。

第5章

ANAで実際に行ったカイゼン事例

ここでは、実際にチームで取り組んだカイゼン事例をピックアップしてご紹介します。

２０１５年にＡＮＡでは、整備部門が初めてカイゼンを導入しました。「カイゼンの種は自分たちの足元にある」がＡＮＡ流カイゼンの合言葉です。

最初の頃は「掃除機を誰が使っているかを明確にしつつ、保管場所もわかりやすいように変える」「ファイルの保管場所が定まっておらず、必要なときに見つからないので保管場所を決める」といった、簡単な問題に対するカイゼン事例が多くありました。

そのうち一人ひとりがカイゼンに慣れていくと、「職場におけるもっと大きな問題を解決したい」という空気が育っていったのです。

非製造業であるＡＮＡグループがどのようにカイゼンに取り組み成果を上げているのか、ぜひ参考にしてください。

お客様カウンターの待ち時間を半年で15分に短縮

お客様が何十メートルも行列をなしていた

常にたくさんの人で賑わっている空港では、お客様をお待たせしないことは航空会社のミッションでもあります。しかしゴールデンウィークや年末年始、シルバーウィークなどの大型連休の時期になると空港は非常に混雑するため、カウンターでお客様をお待たせしてしまうことがしばしばありました。

伊丹空港にあるANAの手荷物カウンターでは、時期によっては最大50分もお客様をお待たせしてしまう事象が発生していました。この取り組みを行ったのは多客期の特定の時間帯でしたが、お客様の行列は何十メートルにもなっていたほどです。

手荷物を預けるのに1時間近くもかかってしまえば、お客様が予定している便に間に合わなくなってしまうおそれがあります。大きな手荷物は座席まで持ち込むことができませんから、預けられなければ、お客様は搭乗できないのです。また、お客様が出発までの間、空港で過ごす大事な時間も少なくなることから、お待たせする時間の長さは深刻な問題でした。

そこで伊丹空港のスタッフは、この問題をカイゼン活動を使って解決することに決めました。

これは、2016年の取り組みですが、当時、どのようにカイゼンを進めたのか見てみましょう。

どこにムダが発生しているのかを計測

まずは、カイゼンの4つのステップの第一となる「現状分析」です。

本書の他の部分でもお伝えしていますが、現状分析のプロセスでとても重要なのは、数値化して客観的な現状を認識することです。

一人ひとり体感は異なるため、お客様を「かなり長い時間お待たせしてしまっている」と思う社員もいれば、「そんなにお待たせしていない」と思う社員もいます。また頻度についても、「常にお待たせしている」と感じている社員もいれば、「長くお待たせする頻度はそう高くない」と感じる社員もいます。

全体の認識を共有するためには、数値化が欠かせません。

ANAでは、一人ひとりのお客様に要する手荷物受託手続きについて標準的な手続き時間を定めています。なお、ペットや超過手荷物などの特殊なお荷物をお預かりする際には、通常の手続きよりも時間を要します。

しかし、この標準時間に対して多客期の混雑している時間帯のお客様のお荷物のお預かり手続きがどのくらいの時間で完了しているかを調べてみると、お預かり手続きは平均で106秒と、標準を大きく超えていることがわかったのです。

これで現状の数値化ができました。

この実態調査の際には動画解析ソフトを使って手荷物カウンターを常時録画し、**実際に付加価値を生み出している「正味作業」と、正味作業の「付帯作業」、そして「ムダな作業」に分けました。**そして付帯作業をピックアップし、それにかかる所要時間を算出。それぞれの動作について、なぜ時間がかかっているのかを追求していきました。

カイゼンを続けることによって、私たちは目の前の仕事を、より良いものに変え続けることができます。

真因追求と「ムリ・ムラ・ムダ」の洗い出し

「標準的な時間があるにもかかわらず、お客様のお荷物のお預かりの時間がそれを超えたのはなぜか?」というテーマで真因追求を進めました。

すると、いろいろな真因が見えてきました。

スタッフは、お客様からカウンターで手荷物を受け取ったら、大きさや重さを計測し、タグをつけてベルトコンベアに流します。しかしカウンターとベルトコンベアの

時間がかかる原因の追求

なぜ時間がかかるのか？

正味作業以外の手続き・対応	対応時間を要する要因
手荷物をベルトコンベアに運ぶ&流す	カウンターとベルトコンベアに距離がある。
備品を探す・取りに行く（オプションタグ・長尺ものなど）	備品の**整理不足・置き場所が不明確・**必要な量の**基準がない。**
搭乗手続き	**手続き後手荷物カウンターで受託という流れがお客様にわかりづらく、**手荷物カウンターでチェックインが多く発生。
手荷物検査後の再検査およびその対応	手荷物検査後〜受託手続きの間において、**手荷物からの内容品の取出しや再検査が発生。受託手続きが中断となり、その対応・案内をしている。**
カウンターから手荷物検査機までお客様を迎えに行く	**空いたカウンターがわかりづらく、**お客様が気づかずに進まないため、**カウンターの稼働が止まる。**

間に距離があるため、スタッフはカウンターとベルトコンベア間を何度も往復していました。

また、オプションタグ（※1）や長尺もの（※2）をお預かりする際の備品を探したり、取りに行ったりするために10〜50メートルくらい移動する動作で時間が掛かっていました。備品の整理不足や置き場所が決まっていないこと、手元に置いておく必要な量の基準がないために取りに行く動作が発生していたことなどが原因であることが見えてきます。まさに5Sの整理、整頓ができていないことが要因だったのです。

さらに、カウンターが空いたことにお客様が気づきにくく、手荷物検査機のところまでスタッフがお客様をお迎えに行くという動作も発生していました。

（※1）オプションタグ：行先、搭乗便名簿の情報以外に手荷物特性（形状・モノなど）を追加で表記するために使用するタグ

（※2）長尺もの：釣り竿、サーフボード、薙刀《なぎなた》など

問題解決するための方法

現状分析と真因追求により、「備品の整理不足や置き場所が決まっていない」「必要な量の基準がないために取りに行く動作が発生している」「カウンターが空いたことにお客様が気づきにくい」などの課題が特定できました。

ここまで進めば、課題を解決できる具体的な対策を立てて実行するだけです。

「備品の整理不足や置き場所が決まっていない」「必要な量の基準がないために取りに行く動作が発生している」という課題に対しては、**備品の置き場所と保管ルールを設定。保管ルールを備品置き場に掲載し、ルールを知らない人でもすぐにわかるように**

見える化しました。

「カウンターが空いたことにお客様が気づきにくい」という課題に対しては、パネルを作ってお客様にカウンターへの呼び込みを行うことにしました。

お客様が飛行機に搭乗されるときは、まず搭乗手続きを済ませ、そのあとで手荷物を預けていただきます。

搭乗手続きを済ませていないお客様が先に手荷物カウンターにお越しになると、搭乗手続きも手荷物カウンターで行う必要が出てきます。できるだけ手荷物の受託手続きのみに集中できるよう、**搭乗手続きに関するご案内を手荷物カウンターの入口に大きく掲示しました。**

また、**お預かりできないお荷物や危険物などのチェックは並んでいる間にお客様ご自身で確認いただけるよう、搭乗ルールが記載されたファイルをスタッフが持ち、並ばれている間に案内をすることにしました。**

カフェなどで並んでいると、スタッフの方がメニューを持ってきてくれることがありますよね。並んでいる間にメニューが見られると、お客様も時間の節約ができて便利です。

手荷物カウンターでも、列に並んでいるお客様にご案内をすることにより、手荷物カウンターでスムーズに荷物をお預けいただけるようになりました。

このようにカイゼンを進めた結果、最大50分かかっていたお待たせ時間を半年で15分にまで短縮することに成功しました。ANA大阪空港株式会社の旅客サービス部はこれに満足することなく、さらに7分削減して「最大お待たせ時間を8分以内に！」という目標を掲げ、さらなるカイゼンに取り組みました。

このカイゼン事例で非常に役に立ったのが「5S」です。**5Sを徹底して取り入れることで、ムダを取り除くというアプローチを行いました。**ムダを減らすことにより、すべての動作を価値を生み出す動作に変え、結果的にカイゼンのゴールである「高い品質・高い生産性」を実現しています。

その後、大阪空港では、ターミナル改修にともない新しい手荷物受託の機器ABD

（ANA Baggage Drop）を導入するなど、当時と環境が大きく変化しました。待ち時間の短縮の観点では間違いなく、お待たせ時間は短くなりました。都度の状況に合わせた体制を変更するなど、さまざまな取り組みを現在も続けています。

CAの出社場所を飛行機に！「ダイレクトシップ」プロジェクト

ブリーフィングをもっと充実させたい

2つ目は、CAのカイゼン事例です。

ANAでは総勢8000人以上のCAが在籍しています。エアバス320やエアバス321などの小型機の場合は4人のCAが、ボーイング767やボーイング787などの中型機の場合は6人から9人のCAが、ボーイング777やエアバス380などの大型機の場合は9人から20人のCAがチームを組んで飛行機に乗務し、お客様にサービスを提供しています。

CAはフライトの直前にブリーフィングと呼ばれる打ち合わせを行い、役割分担を決めたり、安全やサービスに関する情報共有をしたり、搭乗者リストを確認して介助など特別なサポートが必要なお客様の情報を共有したりしています。

このブリーフィングの時間の情報共有もサービスに影響します。


CAの主な拠点は羽田空港です。CAの業務は、国内線の場合、主に羽田空港から出発する飛行機に搭乗することから始まります。

電車は終点まで行くと同じ車両が折り返し運転になることがありますが、ANAのフライトも同じで、基本的には羽田空港からある空港に飛んだ飛行機は、その空港でお客様を乗せ、また羽田空港に戻ってきます。

CAも原則として搭乗する飛行機と行動を共にするため、例えば羽田空港から福岡空港行きのフライトをするCAは、福岡空港から羽田空港に向かうフライトで帰ってきます。同じクルー（CAの組み合わせ）で飛行機と一緒に動きます。

その日の最終便で羽田空港に戻ってこないフライトも計画されます。飛行機が現地でステイ（停泊）する場合、CAも現地で宿泊し、翌日以降のフライトで羽田空港に戻ります。

フライト前のブリーフィングは、CAが所属している客室センターのオフィスで行われていました。CAたちは羽田空港に出社すると客室センターに向かい、そこでブリーフィングを行ってから搭乗する飛行機に向かうのです。

このブリーフィングがこれから始まるフライトの品質を決めると言っても過言ではありません。

大型の飛行機はプリフライトチェック（フライト前の最終点検業務）にも時間がかかるため、その分ブリーフィングの時間が充分に取れないことがありました。

プリフライトチェックとブリーフィングの時間の関係を調べてみると、特定のCAに原因があったわけではないこと、フライトの路線や空港によって違いがあったわけではない、ということも見えてきました。

客室センターはこれらを踏まえ、「飛行機の大小や出発便のスポットにかかわらず、効果的にブリーフィングを実施すること」を課題に設定して取り組みました。

真因追求でCAたちの固定観念が明らかに

真因追求では、「なぜ？」を繰り返すことによって、根本的な「真因」を突き止めていきます。

ここでは、**「移動に時間がかかるスポットのときに、ブリーフィングの時間に影響が出るのはなぜなのか」という課題に対して、「それはなぜか」を重ねていきました。**

Q．搭乗に間に合わない↑（それはなぜ？）

Q．スポットが遠い↑（それはなぜ？）

Q．客室センターでブリーフィングを実施している↑（それはなぜ？）

このように真因追求をしていくと、CAの中に「客室センター内でブリーフィングをしなければならない」という固定観念があることが見えてきました。

固定観念が仕事にムダを生んでしまう寓話に、『魚の煮つけ』というエピソードがあります。

男性があるお宅にお邪魔したときのこと。そこのお嬢さんが魚の煮つけを作ってくれました。調理している様子を見ていると、どうも変わったやり方をしています。煮つける魚の尻尾を切り落としているのです。そこで男性は、お嬢さんに尋ねました。

「どうして尻尾を切り落とすのですか？」

するとお嬢さんは、このように答えました。

「私もよくわからないのですが、母に魚の煮つけのときはこうするように教わりました」

横にいたお母さんに同じように聞いたところ、お母さんはこう答えました。

「私もよくわからないのですが、母がいつもしていたのを見て覚えたのです。味がしみ込みやすくなるのではないでしょうか。母にちゃんと理由を聞いたことはありませんけど……」

隣におばあちゃんがいたのでその男性は、こう尋ねました。

「娘さんやお孫さんがおばあちゃんに教わったとおりに、魚の煮つけを作るときにはいつも魚の尻尾を切り落としているそうですが、何か理由があるのですか？」

すると、おばあちゃんは笑いながらこう答えたのでした。

「魚の煮つけを教えたときに、たまたま私が使っていた鍋が小さかっただけよ」

仕事においても、「代々こうやってきたから」とか「先輩から教わったから」というだけで、理由がわからないままやり続けている仕事はどこにでもあるものです。

羽田空港ではずっと、ブリーフィングは客室センターで行われていました。ブリーフィングを行ったあと、それぞれのCAが自分の荷物を手に取って、搭乗する飛行機に移動していました。それが当たり前のことだったので、誰も疑問に思わなかったのです。

航空業界やCAが働く環境は大きく変化していますが、ブリーフィングのやり方は昔のまま変わっていませんでした。真因追求を進めたことで、思いも寄らないところに解決の糸口があることが見えてきたのです。

飛行機に出社する

真因追求ができたら、あとは解決策を立案して実行に移すだけです。

客室センターでは解決策として、いくつかの案を出し、その中から効果的だと思われる解決策を絞りこんでいきました。

「客室センターでブリーフィングをしなければならない」という先入観に対して出てきた解決策としては、次のようなものがありました。実際にはもっと多くの案が出たようですが、今回は抜粋して4つを載せます。

・ゲートに近い場所に部屋を借りて、そこを出社場所にする
・手荷物検査場の手前を出社場所にする
・チーフパーサーがその都度、出社場所を決める
・機内に出退社する（ダイレクトシップ）

客室センターでは、「効果」「スピード」「実現性」という3つの視点から、それぞれの案を評価しました。

皆さんなら、この4つの案の中でどの案を採用しますか？

CAたちが選んだのは「機内に出退社する（ダイレクトシップ）」でした。

「効果」「スピード」「実現性」という3つの視点から評価したときに、ダイレクトシップが最も評価が高かったのです。

そこで、**羽田空港に出社したらそのまま搭乗する飛行機に直行し、そこでブリーフィングを行うという運用を開始しました。**

とはいえ、客室センターにCAが出社しているのはそれなりの理由がありました。

例えば、紙で印刷されたDHチケット（CAやパイロットたちが勤務の際に使用する航空チケット）をチーフパーサーが受け取り、同乗するCAに配布するという運用だったため、CAが客室センターを経由せずに飛行機に出社するとなると、紙の書類のやり取りに不具合が生じます。

「だったら紙をなくそう」ということで、CAは各自が支給されているタブレット端末でDHチケットを受領することにしました。これにより、ペーパーレスに向けても動いていきました。

まさに、現状をよくするためのカイゼン活動を行っていったのです。

といっても、8000人ものCAが最初からダイレクトシップに賛成していたわけではありません。当然のことながら、出社場所を機内にするという案に不安を抱くCAもいました。

チームメンバーが不安を抱えたままで急激に変化を推し進めてしまうと、カイゼン活動そのものが失敗してしまう恐れもあります。

そこで客室センターでは、まず少人数でのトライアルを行うことに決めました。その後、徐々にトライアルの人数を増やしつつアンケートやヒアリングによって現場の声を吸い上げながら、PDCAを回してカイゼンを重ねていきます。

　また、ダイレクトシップの導入前にはオンライン説明会も開催。説明会には2600人ものCAが参加したそうです。

　さらにカイゼン中は6000人がフィードバックやディスカッションに参加するなど、CA全体を巻き込んでのカイゼンが進んでいったのです。

ダイレクトシップの定着と新たな価値の創造

　このように、今回のカイゼンは高い成果を上げました。この取り組みを定着させるため、客室センターではダイレクトシップを前提とした業務設計を取り入れました。

　チャットやチャットボットを導入し、CAたちが客室センターのオフィスにこなくても、スタッフに相談や問い合わせができるような仕組みを構築しました。

　このカイゼン事例では、多くのCAが6カ月間にわたってアンケートやディスカッションなどを通じ、活発なコミュニケーションを重ねました。ダイレクトシップにより、ＣＡが客室センターに立ち寄る機会が減少することから、フライト前後の会話や面談をオンラインで気軽にできるようにするなど、さらにさまざまな試みを続けています。そして現在は羽田空港だけでなく、日本全国の空港でもＣＡのダイレクトシップの運用をしています。

空港内の車両点検時間を50％以上削減！

毎日320台もの車両点検を夜間行っていた

空港の中には、普段見ることができないような珍しい特殊車両がたくさん走っています。

コンテナを航空機の貨物室に搭載するハイリフトローダー、航空機へ乗り降りするときに使うタラップ車、空港内の移動用連絡車両など、ＡＮＡが扱う特殊車両は羽田空港内だけで３２０台にのぼります。

これらの車両を毎日丁寧に取り扱っているのがグランドハンドリング部門のランプサービス部です。彼らは日々、これらの車両に対して、確実な運転や操作をして丁寧に扱っています。加えて点検作業もします。これら車両の点検作業は、車両が常に安全に動くように日常的に続けているものなのです。

点検作業は、1日あたり約30人の若手社員が担当していました。また、日中は車両が動いているため、夕方17時以降から深夜にかけて行っていました。

点検項目は、ブレーキの利きやエンジンオイル、タイヤ圧や非常灯など、28項目にわたります。320台をそれぞれ28項目ずつ点検すると、1日の点検箇所は8960箇所にも及びます。

この点検作業は長年大きな見直しが行われていなかったので、いくつかの課題が出ていました。

・1日で320枚もの点検票を紙で出力している
・夜に作業をすると、手元がどうしても暗くなり、8960箇所にも及ぶ点検を懐中電灯片手に行わなければならない
・点検する社員同士で情報共有ができていないため、同じ車を複数の人が点検してし

まう

などです。

こうした状況の中、若手社員から「点検の仕方を変えたい！」と声が上がりました。現状を把握するために点検にかかっている時間などを計測したところ、1日あたりの点検作業は58時間、さらに点検票への記録のために2時間、車両間の移動に8時間、その他の処理を合わせると1日に必要な点検時間は約69時間となり、年間で約2万5000時間も費やしていることが見えてきました。

点検票をQRコード化して車両に貼ることに

ペーパーレスと情報の共有化をするために、点検票のデジタル化を進めていきました。

車両ごとに異なる点検票をデータ化してそれぞれのQRコードを作成し、該当する車両に貼りつけていったのです。点検担当者が現場に到着すると、タブレット端末のカメラを起動してQRコードを読み取ります。すると点検票が画面に表示される仕組みです。

点検が済めば、タッチパネル上でチェックを入れていけばよいため、紙をプリントアウトして持ち運ぶ必要がなくなりました。

点検票をデジタル化したことにより、それぞれの車両の点検状況がチーム全体に常に共有される状態となり、リアルタイムで進捗管理が可能になったのです。

これにより、当初点検のためにかかっていた時間を大幅に削減することに成功。点検に要する時間は58時間から29・7時間になり、紙の点検票の作成にかかっていた2時間はゼロになりました。

点検する車両間を移動する時間も8時間から3・5時間に短縮することができ、合計すると点検にかかる時間を52・5%も削減することに成功したのです。

さらに点検項目を見直してムダを省く作業も行った結果、点検項目の49・3%を削減するという効果も生まれました。

ランプサービス部では「点検は夜間に若手社員が行う」という固定観念にもメスを入れました。

これまでは17時から深夜2時くらいまでの間に集中して行っていた点検作業を、始業開始と同時に開始。スキマ時間をうまく活用して全社員で点検をすることにしました。

すると、明るい時間帯に点検ができるようになったため作業中の安全性も高まり、一部の社員に負担が集中することもなくなりました。

このカイゼン活動によってランプサービス部では、年間1万3361時間ものムダを削減することに成功したのです。

社員の高齢化を機にDXを推進！送迎バス部門の働き方改革

ベテラン社員の高齢化で、64％以上が60代に

空港内には多くのバスが走行しており、お客様やクルー（パイロット、CA）を飛行機から搭乗口まで送迎しています。ANAでは、この送迎を「コントローラー」と「ドライバー」で行っています。

コントローラーの仕事はバスの手配をすることです。常時2人体制で、電話や無線、メールなどさまざまな媒体で送迎依頼を受けると、どのドライバーをどこに向かわせるかを判断し、無線で指示を出していました。

送迎回数は1日最大400件。単純に24時間で割ると、1時間あたり16件、3～4

分に1件もの送迎が発生している計算です。実際は波がありますから、送迎件数が集中する時間帯もあります。コントローラーにかかる負担は相当なものでした。

無線で入ってくるドライバーからの終了報告を聞きながらメールの送迎依頼を確認している横でＦＡＸが流れてくる。左手に受話器、右手でＰＣを操作しながら、耳は無線を聞いているという状況は当たり前のことです。

コントローラーの拠点は常に大混雑で、スムーズにドライバーにタスクを割り振ることができるようになるには、高いスキルと経験が求められます。まさに職人の仕事だったわけです。

一方、ドライバーに飛んでくるのは、「○○時○○分に、■■の場所に行って」という指示のみ。しかも、その指示がいつくるかドライバーには予測できません。

毎日毎日コントローラーから飛んでくる無線の指示を待ち、指示に従うのがドライバーの仕事になっていました。

こうした状況が続く中、新しい課題が持ち上がります。送迎サービス課に社会問題にもなっている高齢化の波がやってきたのです。

カイゼン活動を行った２０２１年時点で、送迎サービス課の64％以上は60代、そしてそのうち21人が退職間近となっていました。特にコントローラーの育成が追いつかず、後継者がいないという課題が生じていました。

１日に最大４００件もの送迎依頼をさばくコントローラーの育成には、時間がかかります。加えて、電話やメール、無線やＦＡＸなど、ありとあらゆる通信手段を使って業務を行っていたため非常に業務が複雑化しており、業務を引き継ぐだけでも習得しなければならないことが多く、後継者は大変な思いをしていました。

コントローラーとドライバーのタスクを自動化

デジタル化が進む中で、今のままの働き方を踏襲し続けるのは非効率である上、業務が複雑過ぎて、引き継ぎも困難です。

このような状況を踏まえ、送迎サービス課ではＤＸを取り入れたカイゼンに乗り出しました。

カイゼン活動は、ITに強い社員が主体となって進められました。

まずは、コントロール業務の電子化です。コントローラーは、紙とホワイトボードを使って送迎依頼を管理していましたが、それをデータ化してペーパーレスを進めます。

続いて、タスクの割り振りを簡素化するため、今まで人力で行っていたタスクの割り振りやドライバーの配置を見直すことにしました。

コントローラーからドライバーに指示するという今までのやり方ではなく、タスクや運航情報、位置情報などの送迎に必要な情報がドライバーの手元のタブレット端末で閲覧できるような、新しいシステムを導入しました。

無線で指示が飛んでくるのを待つしかなかったドライバーが、自発的に情報を得られるようになり、より積極的に仕事を取りにいく働き方ができるようになったのです。

従来の運用では担当者によって業務量に差があり、一部の社員が平均送迎時間を大きく超えて送迎を行うこともありました。しかし今回のDXを伴うカイゼンによって、業務量の格差が縮小し、平準化が進んでいます。

さらに個人単位で送迎実績を数値化することによって、ドライバー一人ひとりの頑張りを見える化しました。

こうした取り組みの結果、仕事そのものに対するやりがいや達成感を図る指数、変化を積極的に受け入れる指数、さらには組織で働いていることを誇りに思う指数などのエンゲージメントが向上しました。カイゼンによって、現場社員の仕事に対する捉え方にも変化が生まれています。

パッセンジャーボーディングブリッジ（PBB）不具合事象を「ゼロ」に！

ターミナルビルと航空機をつなぐ搭乗橋の操作時にヒヤリハットが起きていた

お客様がターミナルビルから航空機に乗降する際、ターミナルと航空機の出入り口をつなぐのがパッセンジャーボーディングブリッジ、通称ＰＢＢです。ＰＢＢは、定められた訓練を受けたグランドサービス部員が、操作し装着しています。

私たちは日々「安全」を最優先に、ＰＢＢの装着脱を行っていますが、ＰＢＢに関する不具合件数が増えていることに気づき、調べてみると2年半で27件の報告がされていました。

この状況を放置すれば、航空機損傷や人身事故につながる恐れがあるため、不具合の原因を特定し、本来あるべき姿である「不具合件数『ゼロ』」に向けてカイゼンに着手しました。

ちなみに、グランドハンドリング業務は航空機の機種毎に業務内容が異なるため、約100以上の資格があります。

現状分析により課題が浮き彫りに

ANA福岡空港㈱グランドサービス部では、まずは、5Wを用いてどのようなシチュエーションで不具合が多発しているのかを探っていきました。すると、2つの真因が見えてきました。

① 夜間帯の発生が多いこと
② 資格取得から1年未満の作業者において不具合が多発していること

夜間帯に不具合が多く発生しているシチュエーションを正しく確認すると、PBBは昼夜使用し、夜間は室内灯を点灯させて装着します。その際、室内灯の光がPBBのガラス扉に反射し、**オペレーターの視界を悪くしている**ことがわかりました。

もう一つ、不具合が1年未満の作業者に集中している理由は、経験も浅く不安を抱えながら作業しており、特に、PBBから航空機のドアまでの走行経路のイメージがつかめず、お客様を早く降機させなければならないというタイムプレッシャーを感じている「**経験不足**」が主たる要因であることがわかりました。

対策の結果、不具合はゼロ件に

現状が把握できたため、具体的なアイデアを出し合いました。

アイデア出しのポイントとして、全員ができること、簡単ですぐに効果が出そうな解決策を考え、以下の2点を実践することにしました。

PBBの走行経路イメージ

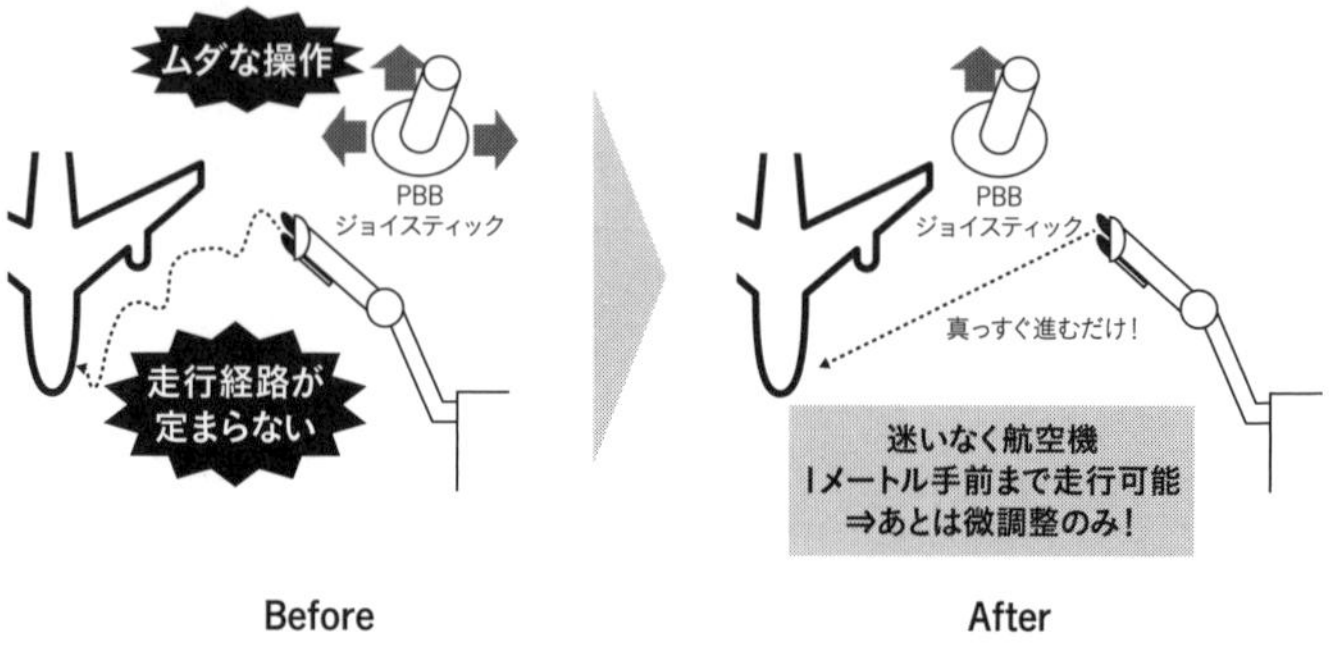

①　オペレーターの視界カイゼン案は室内灯を消す。

②　タイムプレッシャーを払しょくさせて経験不足を補うためのカイゼン案は、PBBのモニターに映し出されるタイヤ角度を数値化し航空機のドア1メートル手前まで進行できるようにする。

PBBのタイヤ角度の数値化は、VDGS（Visual Docking Guidance System）の導入により、航空機が一定の停止線に停止することに着目し、夜間、福岡空港の航空機駐機場（スポット）ごとに航空機を移動させ計測し基準値を設定しマニュアル化しました。「スポット4番ではタイヤ角度を右28度～29度に設定する」「スポット5番ではタイヤ角度を右12度〜13度に設定する」など。

これら2つのカイゼン案で本来あるべき「ゼロ」件にすることができ、さらにPBBオペレーターのスキルのバラツキも抑えられ、一定の品質を保つことができるようになりました。

ANA福岡空港㈱グランドサービス部では、今回のカイゼン案は、福岡空港独自の注意事項や各スポットの特徴なども追加し、教育資料に加え、今回のカイゼン案の定着を図っています。

また、現在も新機種の導入時や空港の駐機場（スポット）の再編に合わせ、インストラクターを中心に部内全体でマニュアルの最新性を保つため、タイヤ角度の数値化を行っています。

第6章

最新技術を組み合わせれば、カイゼンはさらに飛躍する

最新のテクノロジーによって、仕事の品質と生産性は大きく向上している

今、私たちを取り巻くデジタル技術は急速に進化しており、市場の変化も非常にスピードを増しています。

技術革新によって市場が生まれ変わる中、消えていく産業もあとを絶ちません。また、数年前には実現するとは思えなかったことが、テクノロジーの進歩によっていとも簡単に実現できるようになりました。

仕事においても、従来のやり方がどんどん古くなっていると同時に、今までの当たり前が当たり前ではなくなるスピードも加速しています。この環境で**企業が生き残っていくためには、最新技術を活用したイノベーションの重要性が高まっています。**

イノベーションとは、世の中に存在しなかった新しい価値やサービスを生み出すこ

と、既存の固定観念や慣習にとらわれずに価値を創造し続けることを意味します。

例えば、交通系ＩＣカードの登場がその一例です。交通系ＩＣカードが普及したことで、私たちは電車に乗るたびに切符を購入する手間から解放されました。

今や新幹線も改札口でＩＣカードをタッチするだけで乗れる時代になりました。もしかすると、そのうち飛行機もそうなるかもしれません。ほぼほぼ近づいているのではないでしょうか。

ＶＲ技術も、私たちに新しい体験をもたらしました。ＶＲヘッドセットを装着すると、視界に広がる仮想空間が現れます。これまで2次元でしか体験できなかった映画やゲームが、ＶＲ技術によって3次元で体験できるようになったのです。

ＶＲ技術は教育やセラピーなど、幅広い用途で使われています。

カイゼンとイノベーション

「カイゼンの種は自分たちの足元にある」これは、ＡＮＡのカイゼン活動の合言葉でもあります。カイゼン活動の要は現状をより良くすることです。

一方、ワープするように進化するのがイノベーションです。デジタル技術の進化に目を向けてみると、仕事のあり方を一変するほどのインパクトを持つ最新技術が次々に登場しています。

作成に時間を取られていた議事録は、会議の音声を読み込ませれば瞬時に作成できるようになりました。ＡＩに指示すればPowerPointの資料作成も一瞬です。

このような違いから、カイゼン活動とイノベーションはまったく別のものという考え方をしてしまいますが、**イノベーションとカイゼンを掛け合わせるという視点が重要です。**

イメージしてみてください。散らかったままの部屋で掃除機を使うのと、ほとんど片づいている部屋で掃除機を使うのとでは、どちらのほうが早く、よりきれいになるでしょうか？

考えるまでもありませんね。きれいに片づいた部屋なら、掃除機すら必要ないかもしれません。

イノベーションとカイゼンの関係性

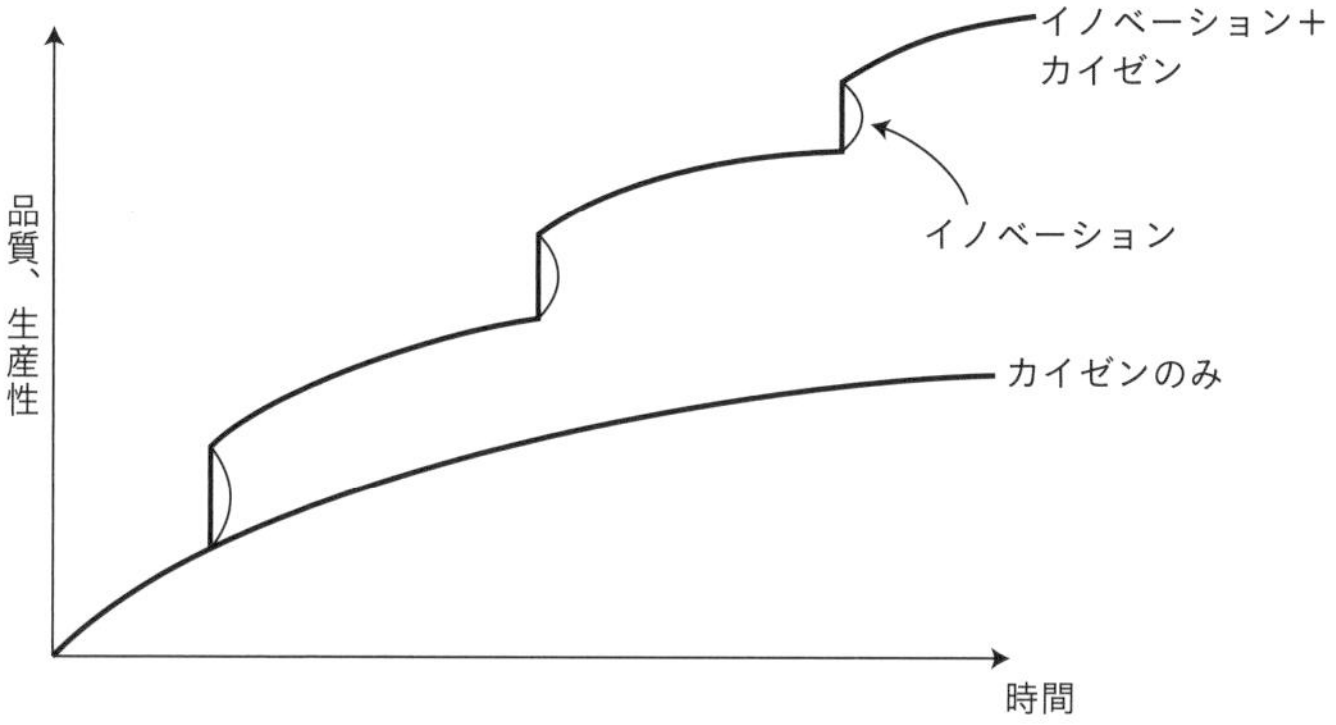

イノベーションとカイゼンを掛け合わせると、品質や生産性は効果的に向上する

仕事に置き換えてみましょう。現状に課題が山積している状態で最新のデジタル技術を入れて運良くイノベーションが生まれたとします。

イノベーションによって仕事の品質や生産性は向上するでしょう。しかし、現状そのものにムダがなく、現時点における最も高い品質、最も高い生産性を実現しているところに最新のデジタル技術を入れたほうが、はるかに仕事の品質や生産性が向上します。

最新のデジタル技術にカイゼンを掛け合わせることでさらなる品質と生産性の向上が見込めることは、疑いようもない事実です。

デジタル技術をカイゼンに活かすために必要な「Seeds（シーズ）」

「もっと仕事を楽にしたい」「現状をもっと良くしたい」と思うなら、どんな場面で、どんなデジタルの技術を、どのように活用できるのかを知っておく必要があります。

とはいえ、昨今のデジタル技術はあまりにも進化のスピードが速いため、常に最新情報を追いかけ続けるのは簡単なことではありません。

これまでも私たちはデジタル技術を仕事に活用していましたが、「この機能があると便利なのに」「こんなこともできたらいいのに」と現行のシステムに不満があるときには、次のシステムアップデートを待つしかないという状況が普通でした。

ところが生成ＡＩの世界では、「今はない機能が明日には追加されている」というように新機能が頻繁に追加されることが当たり前になりました。それに伴い、自分たちも情報をアップデートし続けなければ、すぐに知識が古くなってしまいます。

このような状況なので、毎日忙しい中、最新のデジタル技術情報を追いかけて詳細

ニーズとシーズ

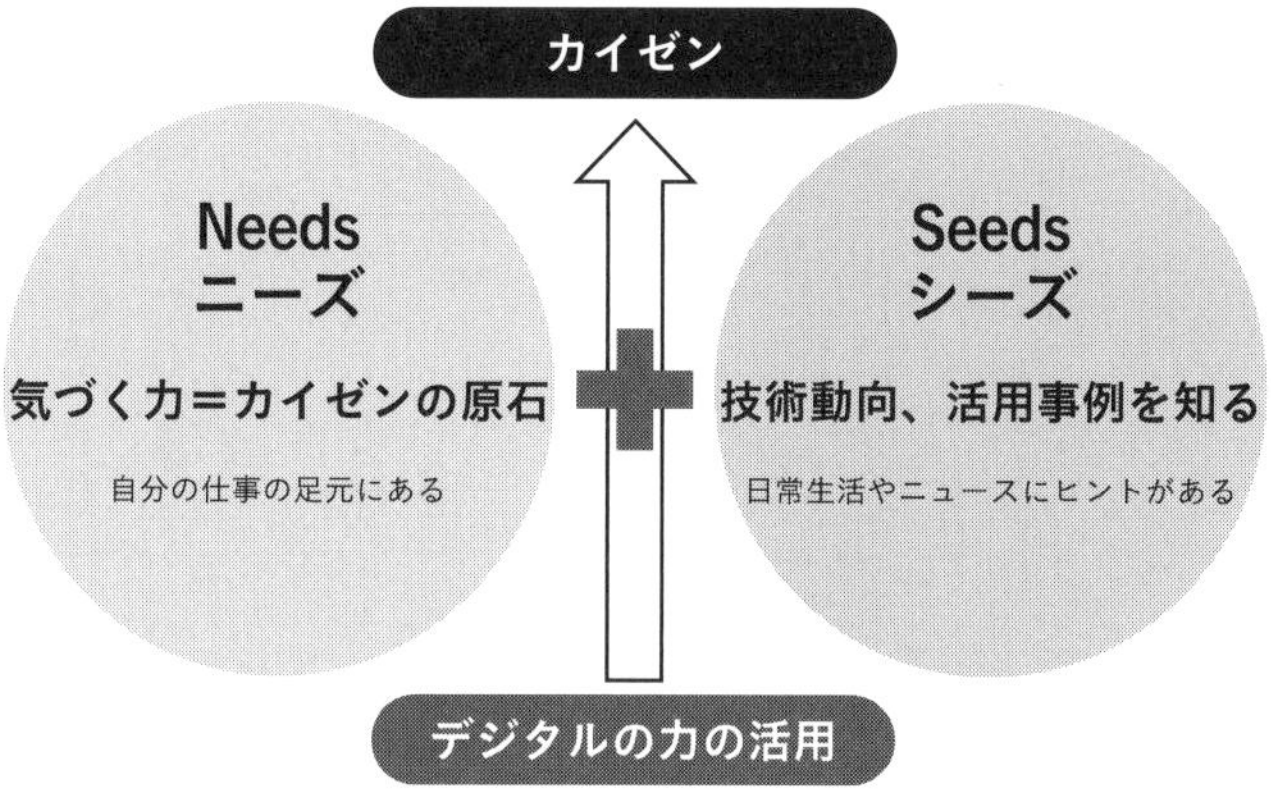

を理解しようと試みるのは、ほぼ不可能です。

では、どうすればいいのでしょうか？

ここでも、やはり重要なのは「足元」です。日常を味方につけるのです。

「こんな技術があるんだ！」「こんなことまでできるようになっているのか！」と好奇心を持ってテクノロジーに関心を持つことが大切です。街を歩いているとき、雑誌を読んでいるとき、テレビを見ているとき、こうした日常で最新のテクノロジーに触れる機会があれば、「知識」としてストックします。

第1章でも述べましたが、**カイゼンは「気づく力」と「カイゼンする力」という、2つ**

のエンジンを動力に進みます。

「気づく力」とは、「これをカイゼンで解決しよう！」と課題を見つける力のことです。実際に解決したいと思っている課題を抱えていれば、毎日の暮らしの中で最新のデジタル技術に遭遇したとき、「どんな場面で、どんなデジタルの技術を、どのように活用できるのか」を考えることができるようになります。

つまり、「この技術は何かに使えるかもしれない」とフックをかけることで、Seedsとなる最新のデジタル技術の情報を脳内にストックしておけるようになるのです。

あとは、そのSeedsが「気づく力」で見つけたNeedsと結びつくのを待つだけです。

RFID技術を使って整備士の工具を管理する

整備部門でも、Seedsをうまくカイゼンに結びつけて最新のデジタル技術を活用しています。その一つが「RFID（Radio Frequency Identification）技術」です。

RFID技術は、RFIDタグに埋め込まれた小型の電子チップが発する電波によって商品の情報を伝達し、これを読み取ることによって情報を集める技術です。

RFID技術の身近な例に、ユニクロのセルフレジがあります。

ユニクロで買い物をするとき、私たちは商品をカゴに入れてセルフレジに持っていきます。レジで会計をするとき、普通は一つひとつの商品についているタグをバーコードで読み込みます。しかしユニクロのセルフレジでは、カゴごとレジにドカッと置くだけで自動的に集計してくれます。

このセルフレジが登場したときは、「なんて便利なものができたんだ！」と非常に驚きました。

さて、このセルフレジのＲＦＩＤ技術がヒントになった事例を紹介します。

航空機整備には、航空整備士はさまざまな工具を使用します。共同で使うツールボックス（工具箱）と個人に貸与されたツールボックスがあり、中にはそれぞれ数十種類の工具が入っています。

航空機の整備をする際には、作業場所を移動する度にツールを忘れていないか員数チェック（インベントリー）をするのです。これまではリストにしたがって整備士自身がチェックをしていました。しかし、チェックの時間を短縮し、かつ正確に実施したいと考え、ツールの一つひとつにＲＦＩＤを貼付したのです。

ツールボックスを開けて、専用ハンディタイプの通信機をかざすだけで員数チェックが完了します。これまで整備士がリストを使っていたときに比べて、員数チェックの時間が年間約１万３０００時間短縮できました。

また、このＲＦＩＤ技術は副産物をもたらしました。

工具はほんの数センチしかない小さなものであったとしても、絶対に紛失は許されません。機体に置き忘れたら、飛行中に工具が落下したり、機体に損傷を与えたりして大事故につながることもあるからです。お客様に当たったりしたら大変です。起きてはならないことです。ですから、もしツールを紛失したときは見つかるまで探します。見つかるまで飛行機を格納庫から出すことはできません。そんなときにも、このＲＦＩＤが大きな役割を発揮します。

紛失したツールを最後に使った場所は記憶にありますから、その周辺で員数チェックに使うＲＦＩＤの通信機を使うのです。すると、ピッピッと置き忘れた場所を教えてくれます。

この副産物によって、ツールを紛失したときの捜索時間を、年間約２００時間削減することができました。

RPAによるスタッフ業務の効率化の応用例

RPA（Robotic Process Automation）は、コンピュータ上で人間が行う単純な操作をソフトウェアロボットが自動で行ってくれる技術です。

経費精算ソフトや勤怠管理システム、顧客管理システム、スケジュール管理システムやオンライン通話システムなど、世の中にはさまざまなソフトウェアがあります。多くの場合、社内で特定のソフトウェアに統一していますが、部署ごとに異なるソフトウェアを導入しているケースも少なくありません。しかし、別種のソフトウェア間では、簡単にデータ移行ができないこともあります。

例えばcsvデータをExcelに取り込むことはできますが、csvデータをPowerPointで開くことはできません。もしPowerPoint上にcsvデータを持ってきたいときには、一度

csvデータをExcelで開いてテキストをコピーし、その上でPowerPointにデータを貼りつける作業が発生します。

この作業が毎日大量に行われると、多くのムダ時間が発生します。

csvデータを開いてテキストをコピーし、PowerPointに貼りつけるという動作をRPAに任せることができれば、その時間を他のより重要な業務に使うことができます。

RPA化する前に「5S」と「ムダ取り」を徹底する

RPAは便利な反面、一度RPA化してしまうとブラックボックス化してしまうため、あとからエラーを見つけるのが非常に困難です。

仮にRPAに読み込ませたシナリオにエラーがあった場合、そのエラーを反映した状態でどんどん自動化が行われてしまいます。

人がエラーに気づいたときには、取り返しのつかない状況になっていた……こんな恐ろしいことが起こり得るのがRPAの世界です。

そこで、作業をＲＰＡ化する前には必ず「ムダ取り」が欠かせません。カイゼンによって徹底的に作業品質と生産性を高めておくことが重要なのです。

例えば「社内のすべての部署の備品を総務部で管理し、発注する」という業務があったとします。各部署からの発注書の数字をExcelに手入力し、表計算を使って発注量を集計しています。

このとき、「手入力までは人の手で行うから、データを発注システムに自動で転記して発注業務を行う作業をＲＰＡ化したい」と考えたとしましょう。しかし、せっかくＲＰＡ化するのであれば、発注書からExcelに数字を手入力する作業もＲＰＡ化できたほうが効率がいいはずです。

そこで手入力のムダをとり、各部署から送られてくる発注書からデータを、マクロが組み込まれたExcelに流して発注数や量を自動集計できれば、人が介在せずに集計から発注まで自動で行うことができるようになります。

ＡＮＡではＲＰＡの開発を第1章で紹介したＡＮＡシステムズで内製化しており、毎日どこかの部署から「この業務をＲＰＡに任せたい」というリクエストが上がってきます。

RPA化する前には、その手順が標準化できているか確認しています。客観的に見て今行っている作業が最も効率的な手順かどうかのチェックをクリアできなければRPA化には進めません。また、RPA化にあたっては、仕事量（時間）そのものにも注視しています。あまりにも仕事量が少ない業務については、RPA化したとしても費用対効果が低く、あまり意味があるとは言えません。そのため、RPAの対象にしようとしている業務の現在の仕事量が一定の基準に満たない場合には、RPA作成前の審査に通らないのです。

テキストマイニング（AI検索）によるヒヤリハット分析の応用例

膨大なテキストデータの集まりから役立つ情報を抽出する技術が「テキストマイニング」です。

テキストマイニング技術の身近な例が迷惑メールフィルタです。AIは大量のメールの文章から、迷惑メールに共通するテキストを学習しており、受信したメールが迷惑メールなのかそうでないのかを自動判別しているのです。

他にも、自社のSNSに対するコメントを分析することでユーザーの感情や意見を把握し、マーケティング戦略に役立てるなど、テキストマイニング技術は感情分析にも活用されています。

ANAの整備部門では、テキストマイニング技術をヒヤリハット分析と事故予防対策に活用しています。

皆さんは仕事中にヒヤリハットが起きたとき、どう対応していますか？

「ああ、大事故にならなくてよかった！」とホッと胸をなで下ろし、「次から気をつけよう」と自分を戒め、気を引き締める人がほとんどだと思います。

しかし、ヒヤリハットをわざわざ上司に報告したり、同僚に共有したりしている人となると、その数はグッと減るのではないでしょうか。

「確かにヒヤッとすることは起きたけど、結局大事故につながらなかったのだからいいじゃないか」そんな声も聞こえてきそうです。「結果として無事だったのに上司に伝えて、自分の評価が下がるのは避けたい」そんな切実な思いもあることでしょう。

ヒヤリハットについては、実はＡＮＡだけでなく、航空業界でも非常に重要視しており、各社、積極的に公開・共有する仕組みを作っています。

「ルブリケーション作業（潤滑油を機械に塗布する作業）中にグリスが跳ねて、目に入りそうになってヒヤリとした」「足場と尾翼の間が思った以上に開いていて、落ちそうになった」など、何らかのヒヤリハットが起きたときには、担当した整備士が専用のシステムにそのことを記録しています。

整備部門では年間７５００件ものヒヤリハットが報告されていますが、これだけの量のヒヤリハットを人が記憶して的確なタイミングで想起することは不可能です。しかしテキストマイニング技術を応用することで、必要なときに情報を取り出して活用することができるようになりました。

テキストマイニングの良いところは、多少の言葉の揺れやスペル違いまで拾ってくれることです。

ヒヤリハット事例を記録する整備士によって、使う用語や表現には差があります。同じ作業でも「ルブリケーション作業」と書く整備士もいれば「ＬＵＢ作業」と書く人もいます。

グリスも「グリース」「Grease」「GREASE」などさまざまな表記ができます。「GRESE」とスペルミスをすることもあるでしょう。

テキストマイニングで以前起きたヒヤリハットがわかる

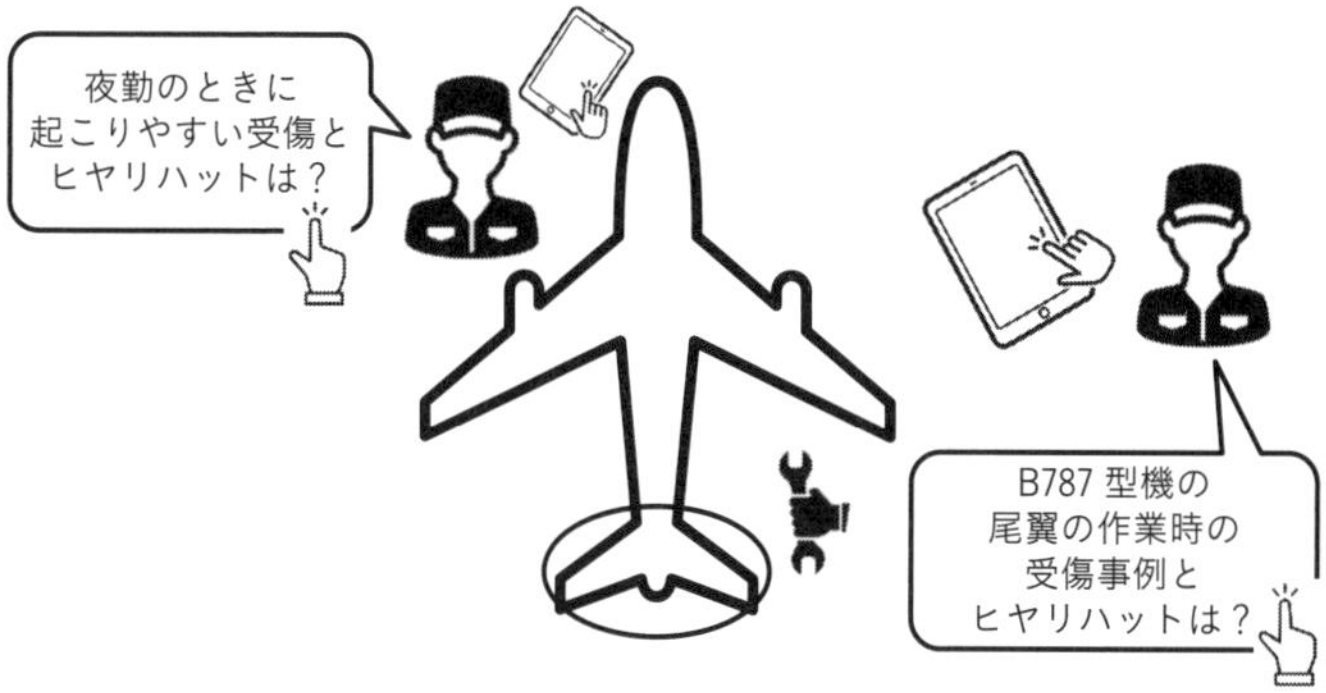
夜勤のときに
起こりやすい受傷と
ヒヤリハットは？
B787 型機の
尾翼の作業時の
受傷事例と
ヒヤリハットは？

テキストマイニング技術を使うことで、同じ意味を持つ異なる表現であっても連想検索してピックアップしてくれるのです。

大量の類似事例を瞬時に100％抽出することができるようになったため、「ルブリケーションのミスが続いているけど、なぜだろう」と、今までは見えなかった問題にも気づくことができるようになりました。

このように整備部門では、ヒヤリハットで解決のヒントを得て事故を防止し、事故が起こりにくい環境を作るために活用しています。

副産物として、個々人に貸与されているタ

ブレットを使ってこれから作業する機体の箇所で、以前起こったことがあるヒヤリハットや事故・不具合を事前にチェックすることができるようになりました。まさに他人のヒヤリハットで自分の身を守ることができるようになったのです。

アイトラッキングによる暗黙知伝承の向上の応用例

私たちがものを見るときには、眼球が動いたり、網膜や瞳孔が動いたりします。これらの**視線の動きを追跡する「アイトラッキング」という技術があります。**

アイトラッキングの方法には、専用のコンタクトレンズやメガネ型の装置を装着したり、対象者を動画撮影して瞳孔の動きを画像解析するなどがあります。

アイトラッキングはさまざまなところで使われています。

例えば寝たきりで体を動かすことができない状況の方や、声を発することができない状況の方が、目で文字を追うことでコミュニケーションが取れるようになります。

ＡＮＡの整備部門では、アイトラッキングを訓練に活用する方向で開発を進めましたが、実用化に至りませんでした。ただし、検討の段階で面白いものを発見したので紹介します。「暗黙知」とはこういうことなのです。

飛行機の整備基準は厳格に定められており、常に手順書を順守しています。その際にベテランの整備士ほど動きにムダがありません。そこで、**ベテランの整備士がメガネ型アイトラッキング装置を装着して整備を行い、どの順番で見ているのか、どの箇所に重点的に視線を向けているのかを記録し、新人整備士の教育に活用しようと検討したことがあります。**

一度アイトラッキングで記録しておけばいつでも好きなときに訓練資料として活用することができますから、ベテラン整備士側としても、毎回同じことを教える手間がある程度省けるというメリットがある構想でした。しかし費用対効果の結果、実運用には至りませんでした。

高い技術が求められる職場において人材を一人前に育てるのは、非常に時間がかかるものです。デジタル技術が進化しても、習得するのが人間である以上、育成は避けて通れません。これは不変の課題なので、現在も対応についての悩みは続いています。

時間がかかってしまう要因の一つが、熟練した職人の技術が「暗黙知」であること。職人本人も言語化できない領域の技術が多く、「背中で教える」しかないケースもまだまだ多いことです。

アイトラッキングは、この「暗黙知」に風穴を開けてくれました。

ベテランのある整備士が、飛行機の点検口のパネルを開けて内部点検を行う様子をアイトラッキングで記録していたときのことです。彼はまず、パネルの開閉部にあるヒンジ（ちょうつがい）に視点を置いて、それから内部の点検を始めました。

整備の手順書には、ヒンジについては書かれていません。そこでその録画記録を見ていたある整備士が、「なぜヒンジを見ていたんですか？」とベテランの整備士に尋ねました。

すると本人は、自分がヒンジに視線を置いたことに気づいていなかったのです。

改めて「なぜヒンジを見たんですか？」と問われたそのベテラン整備士は、そこで立ち止まって考え、こう言いました。「パネルの内部点検をするときに、よくヒンジが錆びてるんだよ」

そして、「せっかくパネルを開ける機会だから、ついでにヒンジの錆びもチェックしようと思って見ることが無意識に定着していたんだな」と彼は続けました。

アイトラッキングによって、本人も無意識のうちに行っていた行動が言語化されて他の整備士にも伝えられたのです。

また、新人の整備手順をアイトラッキングしてベテラン整備士がその様子をチェックすることによって、新人整備士の手順の抜けや改善点などが具体的に見えてきます。「A地点からC地点に視線が飛んでいるけど、B地点も確認しないとダメだ」「この部分の確認が甘い」といったように、一人ひとりの状況に応じた的確なフィードバックが得られるため、訓練効率が上がりました。

アイトラッキングはＣＡが機内でドア点検を行う際の訓練資料など、整備部門以外にもさまざまなところで活用できないか現在も検討が続いていると聞いています。

AGVによる空港内自動搬送の応用例（構想中）

2021年にホンダの「LEGEND」が自動運転レベル3を実装したことは、大きな話題になりました。

自動運転は自動の程度や運転者の介入の有無などによって、その程度がレベル0～5の6段階に分けて設定されています。

レベル3というのは「システムがすべての運転操作を一定の条件下で実行し、作動継続が困難な場合は、システムの介入要求等に運転者が適切に対応する」という状態で、運転主体が人からシステムに変わる境目のレベルです。

今、**羽田空港では貨物やお客様の荷物をAGV（Automated Guided Vehicle：自動搬送車）**

AGVの活用　部品を航空機まで自動搬送

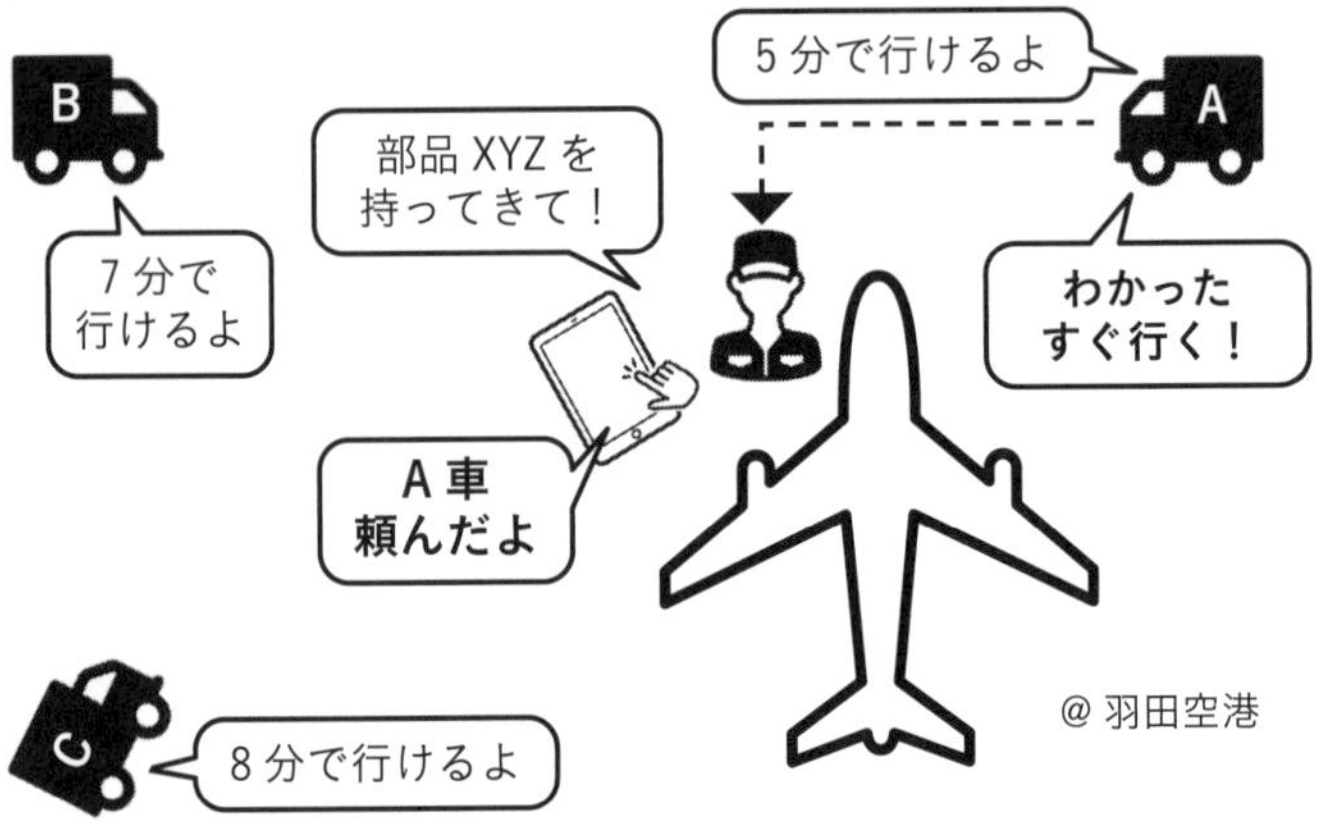

によって航空機まで運搬する構想が進んでいます。

ＡＧＶは人が乗らない無人の車のため、公道を走ることは許可されていませんが、工場や物流のシーンで多く活用されています。ＡＮＡでは現在豊田自動織機と協力してプロジェクトを進めており、無人搬送（レベル４）を目指し、２０２５年には自動運転トーイングトラクター（空港内で航空機や貨物を移動させる際に使用する特殊車両のこと）が実現する見通しです。

そこで整備部門では、ＡＧＶによって整備用の部品を倉庫から航空機まで自動で運搬してくれる仕組みを検討したことがあります。

羽田空港は非常に広大で、ディズニーランドが25個入るほどの広さがあります。にもかかわらず、部品倉庫はわずか3つしかありません。

そのため、状況によっては必要な部品を倉庫から航空機が駐機しているスポットまで届けるのに20分以上かかってしまうことがあります。

フライトまで時間の余裕があればよいのですが、次のフライトを間近に控えた航空機の整備中に部品が必要になってしまうと、フライトの時間までに部品交換が間に合わず、便が遅れてしまうこともあります。

この時間をもっと短縮できれば作業効率も上がるうえ、お客様をお待たせすることもなくなります。この課題を解決するためにAGVを活用したいと考えたのです。

カイゼンの案はこうです。まだ構想の段階です。

羽田空港の敷地内に、整備でよく使う部品を載せたAGVを何台か放し飼いにしておきます。飛行機を整備中に部品が必要になったときには、タブレット端末などを通して整備士が「Aという部品を○○まで持ってきて」と指示を出す。そうすると、AGVが「僕は5分で行けるよ」「僕は8分で行けるよ」と返事をする仕組みです。

航空整備士がＡＧＶを指定すると、最大で20分かかっていた待ち時間を5分に短縮することができるようになるのです。

ＵＢＥＲタクシーと同じ発想です。

最新のテクノロジーをヒントにして、カイゼンしていくことを私たちは常に心掛けています。

IoTによる部品の有効期限管理の応用例（構想中）

IoTは「Internet of Things（モノのインターネット）」の略で、冷蔵庫などの家電や車など、さまざまなものとインターネットをつなぐことによってデータのやり取りや操作などができる技術です。

身近なところでは、スマホ内のアプリから車のエンジンをかけたり、帰宅途中に部屋のエアコンをオンにしたりといった使い方をしています。昔はタイマーしかなかったことを考えると、IoTのおかげで私たちの暮らしはかなり便利になっています。

操作は人間がしていますが、スマホ内のアプリと自動車が直でやり取りをしていると考えると、「モノとモノが会話している」ようにも思えます。ANAではこの「モノとモノが会話する」という特性を活かして、部品の在庫管理にIoTを活用することも検討しています。

例えば、冷蔵庫と冷蔵庫の中の卵や牛乳が会話する時代がすぐそこまで来ています。卵や牛乳に貼ってある電子タグの消費期限や賞味期限を冷蔵庫が読み取り、「あと2日で賞味期限が切れる牛乳が入っています！」などと表示して事前に知らせてくれるテクノロジーです。

この技術を航空機の部品や材料（接着剤など）に応用すると、保管している棚と部品の間で情報をやりとりして、担当者へ情報提供ができるようになるということも視野に入ります。

飛行機の部品はいつでも使えるよう、常に一定数の在庫を保管しています。ただし、部品や材料には有効期限が設定されているものがあり、有効期限が切れる前に廃棄して絶対に航空機に使われないようにしています。

そのために有効期限が切れる間近の部品は有効期限が切れる前であったとしても、確実に廃棄しています。こうすることで、有効期限を超えたものが部品倉庫の中に存在しないようにしているのです。また、有効期限が切れるものは新たに発注しておく必要がありますが、この業務をＩｏＴに手伝わせるというアイデアも生まれています。

IoT（モノのインターネット）で近づく世界

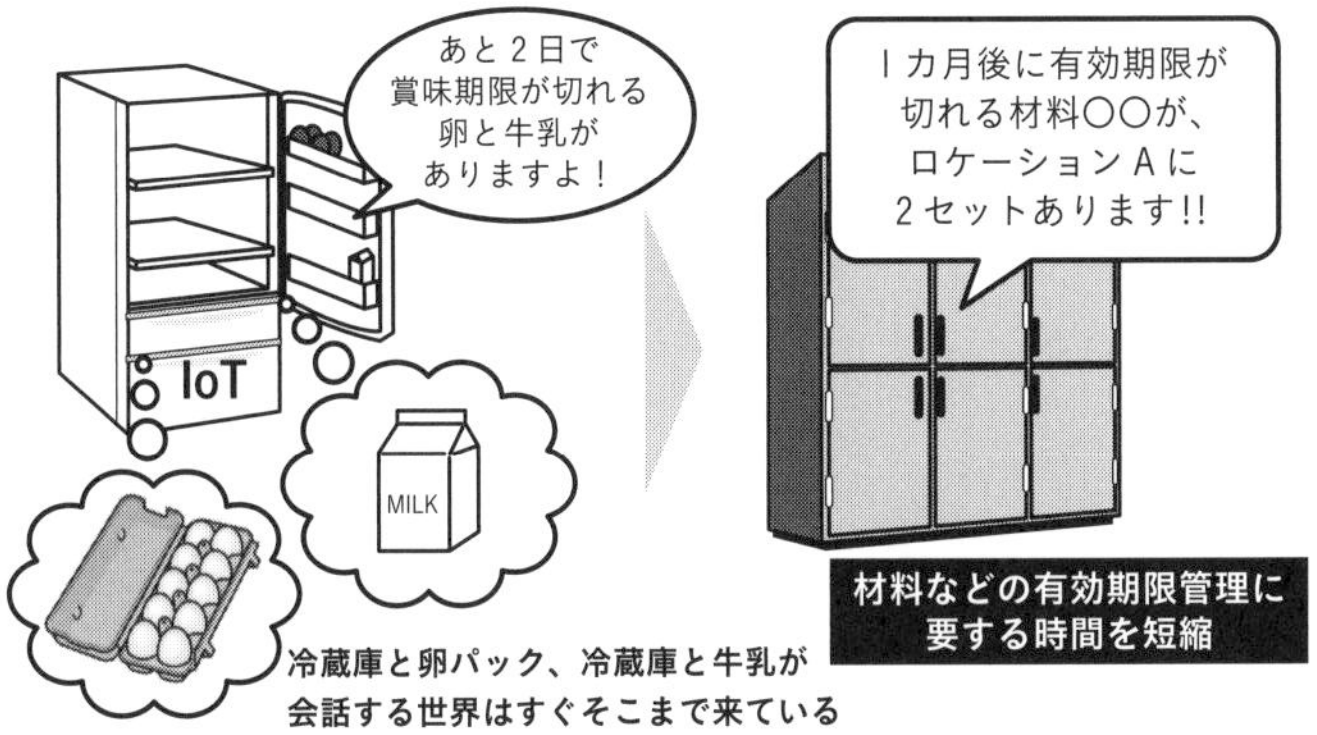

卵と牛乳が

切れる材料〇〇が、
ロケーションAに
2セットあります!!
要する時間を短縮
冷蔵庫と卵パック、冷蔵庫と牛乳が
会話する世界はすぐそこまで来ている

まず、部品を保管している棚と部品のタグをインターネットでつなぐ。そうすることで、「Aという部品があと1カ月で有効期限が切れる」とか「Bという部品は2つあり、そのうち一つは有効期限があと3カ月、もう一つのほうは有効期限があと1年ある」「棚のどこに保管してある」といった情報のやり取りが、棚と部品の間で人を介さずに行われることになります。

人がわざわざ棚に見に行って部品を探し出さなくても、その情報にアクセスするだけで、部品の在庫数や有効期限、保管場所までを一元的に把握することができるわけです。

まだこの技術の応用は実現していません

が、それに向けて進もうとしています。

第7章

カイゼンでヒューマンエラーを防止する

ミスの大半はヒューマンエラーに起因している

技術的な事故よりも人間が関わる事故のほうが多い

確認漏れ、勘違い、見間違いなどの単純なエラーが深刻な事故につながってしまう例はあとを絶ちません。皆さんの会社でも、こうしたエラーをゼロにするためにさまざまな対策を立てていることと思います。

航空業界では、お客様を安全に目的地まで送り届けるというミッションを負っています。飛行機が空を飛ぶときには、お客様の命をお預かりしていますから、些細なミスも許されません。

1903年、ライト兄弟が有人動力飛行に成功したのが、飛行機の始まりと言われています。それから約120年が経過しましたが、その間、世界中では多くの飛行機事故が発生しました。

かつては、飛行機に乗るということは非常に危険を伴うことだったのです。

航空業界は、事故をなくすために、技術的な側面から安全であり、安心して乗れる飛行機を開発し続けてきました。その努力の結果、技術の進歩によって急速に航空機事故が減少しました。航空機の安全は、まさに事故との闘いだったのです。1970年代には500人乗りのジャンボジェット機がデビューしました。一機に一度にたくさんのお客様が乗りますから、一つの事故が大きな惨事になってしまいます。

ところが、1980年代になると、事故率が下げ止まってしまいました。

このままでは、フライトの数が増えれば増えるほど事故の件数も増えてしまいます。

そこで航空業界は、底を打ったと思われた事故率減少に満足せず、事故の要因を徹底的に調べていきました。

当時ボーイング社の調査によると、**全損事故（修理しても使えないほど機体が壊れた事故）と**

言われる要因の約8割が、ヒューマンエラーに起因するものでした。すなわち人間の脳で発生するエラーによって引き起こされていることがわかったのです。

こうした**ヒューマンエラーをいかに減らすことができるかが、飛行機の安全・安心を左右することがわかってきました。**

ヒューマンエラーを減らすことができなければ、これ以上飛行機事故を減らすことはできません。この事実を重く受け止めた航空業界では、世界中でヒューマンエラー対策を強化し続けてきました。

ANAでは、1987年から運航乗務員（パイロット）に対して、1997年から整備士に対してヒューマンエラー対策の訓練を始めました。その結果、運航乗務員、整備士とともにヒューマンエラーに起因する不具合の発生件数は確実に減少しています。

では、そもそも、事故はなぜ起きてしまうのでしょうか？

ヒューマンエラーはなぜ起きてしまうのか

私たちが物事を認識するときには、視覚や聴覚などの感覚器官から情報を取り入れ、それをもとに行動しています。車を運転しているとき、青信号ならそのまま進みますし、赤信号なら停まります。これは、視覚を通じて信号機の情報が入ってきているためです。

上司から「青い表紙のファイルを取って」と頼まれたとき、人は聴覚を通じて情報を処理します。エラーは、脳が情報を処理する過程で発生します。「青い表紙のファイルを取って」と頼まれたのに「赤いファイル」と聞き間違えてしまった。これがエラーです。

単なる聞き間違いや見間違い、つまりエラーを起こしただけで、赤いファイルを上司に持っていくという行動が伴わなければ、問題は生じません。しかし行動が伴って上司に赤い表紙のファイルを渡してしまうと、それはミスや失敗と呼ばれる結果になります。

このように、エラーによって許容範囲を逸脱した人間の行動行為の結果が、ミスや失敗の要因となる「ヒューマンエラー」なのです。

失敗やミスの大半がヒューマンエラーに起因しているのなら、ヒューマンエラーをゼロにすることができれば問題は解決するはずです。しかし残念ながら、ゼロにすることはできません。ヒューマンエラーは、人間の脳の中のエラーに起因しているからです。

皆さんはこれから一生、書き間違いや言い間違いをせずに生きていけるでしょうか？

記憶違いもエラーの一つですが、昨日食べたものを正確に思い出すことはできますか？

家族の名前すら呼び間違えてしまうことがあるのが私たちなのです。

エラーの増加につながりやすい2つの要因とは

エラーを引き起こしやすいトリガーが「焦り」です。


急いでいる上司から急に仕事を頼まれたとします。その作業自体はいつもしている慣れたものだったとしても、「あと5分でお願い！」と短い作業時間を指示されたり、作業中に「まだ？」「早くして！」と急かされて焦ってしまった経験はないでしょうか。

このように焦りが生じやすい環境では、エラーが起こる確率が高くなってしまいます。

これを「ハリーアップ症候群」と言います。人間は時間に追われると普段何ごともなくできていたことができなくなってしまうことがあるのです。

意外かもしれませんが、**事故を招くもう一つの要因が「ルール違反」です。**これを「バイオレーション」と言います。規則を知っていながら意識的に規則を守らない行為です。

この「バイオレーション」は、環境変化が生じたときや他のエラーがルール違反と組み合わさると、高い確率で事故や不具合に至ることがわかっています。

例えば「書類の点検時はダブルチェックを行う」というルールがあるとします。しかし、時間がない、これまでダブルチェックで不具合が見つかったことがないなどの理由で、「ダブルチェックは面倒だ」「意味がないのではないか」と勝手に判断して、一度しかチェックをしなかったとします。

大抵の場合は、慎重になっているので、一度や二度ルール違反をしたとしても大した問題は起こりません。

すると「なんだ、やっぱり大丈夫じゃないか」と慢心してしまい、ルール違反を繰り返してしまうようになるのです。

ところがある日、初回のチェック時にミスを見落として、大きな問題に発展してしまうのです。

ルール違反をしてしまう人には、「ルールを守るのが面倒だ」という心理が隠れています。

「面倒だ」「楽をしたい」という気持ちは、まさにカイゼンを進める「気づく力」と関連しています。

「この仕事は手間が多くて面倒だな」「もっと楽にできる方法はないだろうか」と思ったときには、ルールを破るのではなく、「カイゼンできることがありそうだ」とカイゼンの種を探す方向に意識を持っていくことができれば、ヒューマンエラーに起因する事故を減らすことも難しくないはずです。

私たちがカイゼンを「人づくり」から始めたのも、ヒューマンエラーに対する危機管理の意識が根底にあります。

カイゼンでヒューマンエラーを防止する

現状分析と真因追求で、エラーを早期発見・修正する

私たちが言い間違いや聞き間違いをゼロにすることができないように、ヒューマンエラーをゼロにすることは不可能です。

しかし、ゼロに近づけることはできます。

ヒューマンエラーは、できるだけ早い段階で見つけて修正することが重要です。

ANAでは、ヒューマンエラー対策として指差呼称を活用しています。

離陸時は機体のすべてのドアをロックしますが、しっかりロックできているかどうかCAが確認しています。このとき、単に黙視して確認するだけでなく、ドアを指差

しながら声に出して確認しています。

また、**チェックリストを作成し、作業漏れがないかどうかチェックを書き入れるのもヒューマンエラー防止に効果的です。パイロットは何度もチェックリストを使って操作を確認し、指差し（呼称）もしています。**

また、エラーに早めに気づいて修正する際に重要なのが、ヒヤリハットの段階で対策を立てることです。

事故が起きてしまったときにはどんな会社でも必ず対策を立て、再発防止を誓いますが、ヒヤリハットに対しても同じように対策を立てる会社は少ないものです。

しかしANAでは、ヒヤリハットを「重大な事故の予兆」として非常に重視しています。

車が信号無視をして交差点に入ってしまった例を考えてみます。

交差点に向かう道路を走る車がいます。車の運転手は交差点の赤信号を見落としました。赤信号の見落としは脳が情報を処理する過程で発生している単なる「エラー」です。「エラー」によって、赤信号で停まるべき停止線でブレーキを踏まずに交差点に進入してしまいました。これがヒューマンエラーです。

ヒューマンエラーとは、許容範囲を逸脱した人間の行動行為の結果なのです。

車は交差点に進入し、左から走ってきた車にぶつかりそうになりました。しかし運転手は慌ててブレーキを踏んだため、事故を起こさずに済んだとします。ヒューマンエラーは起きてしまったものの、結果として事故は発生しませんでした。つまりヒヤリハットで済んだわけです。

では、同じ状況下で左から走ってきた車の速度が速かったとしたらどうなるでしょう。ドライバーは避けきれず、接触して事故になってしまいました。ヒューマンエラーによって、事故という結果が生じてしまったのです。

結果だけを見るとこの2つの事例は違うものですが、「車が赤信号で交差点に進入した際に、左から走ってきた車にぶつかりそうになり、運転手は慌ててブレーキを踏んだ」という行為はどちらも同じです。

ハインリッヒの法則

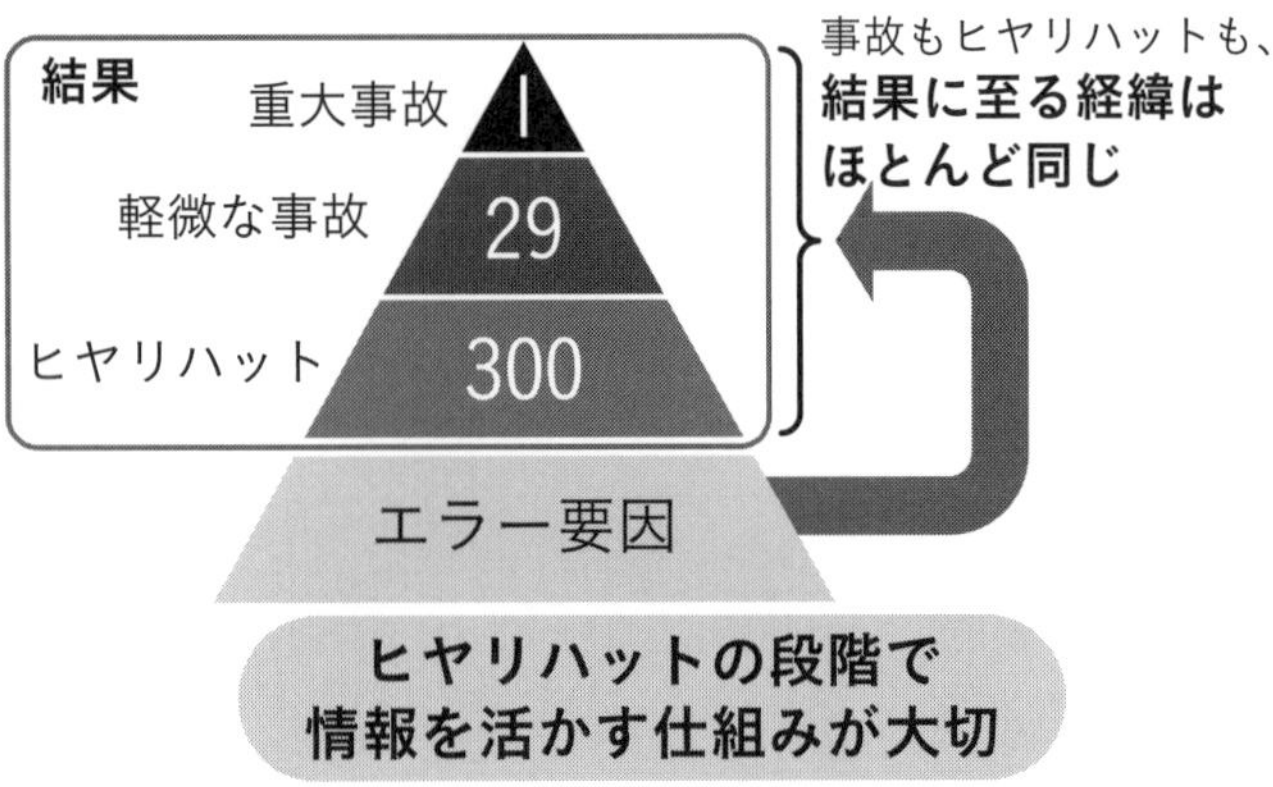

その結果、ブレーキが間に合ってヒヤリハット、間に合わなくて事故になったということです。

つまり、事故もヒヤリハットも結果に至る経緯はほとんど同じなのです。だからこそ、**ヒヤリハットの段階で真因追求を行い予防対策を立てることが大切なのです。**

このように、ヒヤリハットをゼロに近づけるのにカイゼンは大きく役立つのです。

62ページで紹介したハインリッヒの法則を思い出してください。「ヒヤリハットは大事故が起こる前に神様がくれた300回のチャンス」と考えましょう。

「5S」でエラーが起こりにくい環境を整える

皆さんは、ペンをペン立てに刺すときにどちらの方向を上にしますか？

おそらくペン先を下にする人が大半だと思います。ペン先は尖っているため、ペン先を上にしてペン立てに刺しておくと、万が一ペン立てが倒れたりペン立てに手をついたりしてしまったときにケガをするおそれがあります。ペン先を下にすることによって、エラーが起こりにくい環境を作っているわけです。

第3章で、エンジン工場の床はきれいに整えていることをお伝えしました。床をきれいに保つのも、飛行機の不具合を見逃さないための環境づくりです。

エラーが起こりにくい環境を整えるには、5Sが非常に役立ちます。

要らないものは処分し、必要なものをすぐに手に取れるように置き場所を整えることで、探し物にかかるムダな時間を削減することができます。

「探す」「迷う」という行為もエラーを招きます。モノの定位置を決めれば、どこに収納すればいいかを考える時間が削減できます。時間に追われることも少しは減るのではないでしょうか。

5Sを徹底することでエラーが起こりにくい環境を作り、ヒューマンエラーを防止することができるのです。

「ムリ・ムラ・ムダ」の削減で一人ひとりの行動の質を高める

ヒューマンエラーを引き起こす聞き間違い、操作の間違いなどを減らすために欠かせないのが、一人ひとりの「行動の質」を高めること。つまり、できるだけエラーを減らして正確な行動をすることです。

動作を丁寧にし、「行動の質」を高めることが、ヒューマンエラー防止の3つ目のポイントです。

また、人は焦ると、エラーを起こしやすくなります。例えば、キーボードを打つときも、急いで打つとタイプミスが増えますが、丁寧にタイピングをするとミスは減ります。

焦りはどこからくるのかというと、「時間的に余裕がない」「精神的に疲れている」などの「ムリ」から生じることが多々あります。負荷がかかり過ぎて、パフォーマンスが落ちてしまうのです。

また、業務の標準が決まっておらず、仕事の進め方や作業のやり方に偏りが生じてしまうと「ムラ」が発生します。ムラがある状態では、「行動の質」を高めることは難しいのです。

第3章で、時期によって空港のお客様カウンターが非常に混雑することがあるという話をしました。「お客様をお待たせしないよう、急がなければ」と焦ってしまうと、荷物につけるタグをうっかり落としてしまったり、お客様から言われたことを早とちりして解釈してミスにつながってしまうなど、「ムダ」が生じてしまうこともあります。

ムリ、ムラ、ムダの3Mを減らすことによって、ヒューマンエラーを減らすことができるのです。

カイゼンを支えるANAの「安全をつくる文化」

ハインリッヒの法則で述べたように、「事故もヒヤリハットも結果に至る経緯はほとんど同じ」でした。だから、ヒヤリハットの段階で情報を活かす仕組みが大切なのです。

カイゼンしようがカイゼンしなかろうが、仕事の結果はほとんど同じかもしれません。ただし、カイゼンすれば、自分の仕事が楽になり、より高い品質と、より高い生産性を得られるのであれば、やった方がいいに決まっています。

私たちは、カイゼンの原石に気づいたのにほったらかしにできない〝人〟を作り続けてきました。

モチベーションだけでは長続きしません。習慣化することが大事なのです。

「気づいたら、じっとしていられない」

「カイゼンせずにはいられない」

これまで続けてきた「安全をつくる」社員の行動が、そのままカイゼン活動に展開できたと言っても過言ではないでしょう。

続いて、私たちがこれまで継続してきた「安全をつくる」取り組みについて紹介します。安全を４つの文化で作り込んできました。

報告する文化

ＡＮＡでは、安全を何よりも優先します。安全を守るためには、関わっているすべての人が「事故が起きたら大変なことになってしまう」という恐れの気持ちを持って仕事に向き合うことが重要です。安全をつくる一翼を自分が担っているという気持ちがあれば、手を抜くという発想が生まれるはずがないからです。

ルール違反に他のエラーが重なると事故が起きる確率が高くなるとお伝えしました。**明確にルールに違反することでなくとも、「多分このくらいなら大丈夫だろう」「そこまでする必要はないだろう」とたった一人でも妥協してしまった瞬間に、事故の可能**

性は急激に高まります。

ヒヤリハットも同じです。誰だって自分のミスは他人に言いたくないものですから、自分のミスによって起きたヒヤリハットは、できれば隠していたいものです。

ですが、誰かがそこでミスをしたということは、他の誰かも同じミスをしてしまう確率が高いのです。

ヒヤリハットを報告することによって、その誰かのミスを防ぐことができるかもしれません。それは、ひいてはお客様の安全にもつながります。

ヒューマンエラーに起因する事故が起きてしまったとき、実は周りの人がそのエラーに気づいていることがあります。

「危ないなと思っていた」「いつか事故るんじゃないかと思っていた」と事故が起こったあとで言われても、取り返しがつきません。

仕事の多くは役割分担になっていて、一人で完結することは少ないものです。ドック整備の整備士が「整備をしていたらエンジン部分の部品が劣化していたんだけど、エンジン整備担当じゃないから関係ない」などと思ってそのままにしていたら、防げたはずの事故も防げなくなってしまいます。

「そこまでいちいち報告しなくても」と思われるような些細なことであっても、知っていることを報告する。エラーや不具合だけでなく、正常であることも報告する。

私たちは、全体のオペレーションを進める上で「報告する」ことを非常に大切にしています。私たちの仕事は、役割分担している仲間からの報告で成り立っているのです。

学習する文化

カイゼンや安全は、システムや仕組みづくりだけでは定着しませんし、次世代が承継することもできません。会社に根づかせるためには、それを「文化」にすることが重要だと私たちは考えています。

「文化」を辞書で引いてみると、「民族や社会の風習・伝統・思考方法・価値観などの総称で、世代を通じて伝承されていくもの」とあります。また、文化は学習によって伝習するとも言われます。

そこでANAでは、第1章でも述べましたがカイゼンについていつでも学べるように「カイゼン図書館」や「カイゼン文庫」などのスペースを設けています。

カイゼン活動の具体的な進め方には、5Sやムダ取り、動線の改善などいろいろな手法があります。カイゼンを進めたいと思ったとき、まずはそれらの知識がなければ先に進むことはできません。

勉強したいと思ったら勉強できる。関係する情報がいつでも手に入る。そんな環境を用意しています。

柔軟な文化

航空整備士やパイロットなどの業務はすべて細かくマニュアル化されていて、イレギュラーな事態になったときにどのような順序で業務を行うか、まで決まっています。そして、イレギュラーな事態になったときでも冷静に行動できるように訓練を欠かしません。

とはいえ、非常に深刻な事態に陥ったときには判断に迷う可能性もあります。また、いかに細かくマニュアル化されているとはいっても、すべての行動がマニュアルに書かれているわけではありません。

マニュアルにない行動を求められたとき、私たちは何をよりどころに決断して行動に移せばよいのでしょうか？

2024年1月2日に羽田空港で発生した事故により、379人ものお客様が脱出シューターを使って無事に機体から脱出されました。

このとき近くにいたANAの整備士たちのもとに、「お手洗いに行きたい」というお客様の会話が聞こえてきました。

近くにはANAの機体が駐機していました。そこである整備士が、「ここに停まっているANAの飛行機のトイレを使おう」と言い出しました。

このようなことは、当然マニュアルには書いてありません。近くにいた整備士はとっさにその機体に向かい、タラップをつけて電源をつなぎ、お客様を機内のトイレにご案内したのです。

マニュアルにないことでも、それが最善であれば柔軟に行動する。このときのANAの整備士たちにとっては、ANAの機体を使ってお客様にトイレを提供することが最善だったのです。

こんな行動をとった仲間に対し、敬意を表したいと思います。柔軟な文化が息づいていることを感じとることができます。

公正な文化

多くの職場ではミスをすると叱られたり責められたりする風潮がありますが、ANAではヒューマンエラーを責めることは絶対にしません。なぜなら、**責めることをやってしまうと、次から「隠そう」とする心理が働いてしまうからです。**

ある日のことです。こんなことがありました。

整備士が「ボーイング777」のエンジンオイルを交換（不足分を足す）して、カウル（エンジンを覆うパーツの一つ）を締めました。そしていつものように、「いってらっしゃい！」と飛行機を送り出しました。飛行機はこれから400人ものお客様を乗せ、大空に飛び立つため、滑走路に向かいます。

エプロン（駐機場）から事務所に戻る途中、この整備士はずっとモヤモヤした気持ちを抱えていました。エンジンオイルを交換してカウルを閉めたことは記憶があるけれど、オイルタンクのキャップを締めたかどうかの記憶がハッキリしなかったのです。

いつものように確実に締めているはずではあるものの、確信が持てなかった整備士は事務所に戻るとすぐに責任者に、正直にこのことを報告しました。

「そうか、わかった。よく言ってくれた。飛行機を戻そう」。責任者はそう言うとすぐに動きました。

整備士が責任者に報告したとき、飛行機はすでに滑走路の端まで行き、離陸の許可を待っている状況でした。すでに400人ものお客様が搭乗しています。

しかし責任者は迷わず、この飛行機をエプロンに戻すことを決断したのです。オイルタンクのキャップを確認したところ、キャップはしっかりと締められていました。責任者は言いました。「キャップ締まってるよ。よかったな。これで安心して出せるな！」

何百人も乗り込んでいる飛行機を止めてほしいと申告するのは、非常に勇気がいることです。

中には急いで目的地に向かいたいお客様もいらっしゃることでしょう。危篤状態のご家族に会いに行くために搭乗されているお客様もいるかもしれません。

整備士の判断によってそのようなお急ぎのお客様を長い時間足止めしてしまう恐れもあります。もしそれが最終便だったとしたら、お客様には現地で夜を明かしていただく可能性もあります。

しかし、どのような状況であっても整備士に限らずすべての関係者は、安全に疑義がある場合や、自信がない状況で飛行機を運航させることは絶対にありません。それはANAだけでなく他の航空会社もすべて同じです。

航空業界で働くすべての人は、100人いたら100人ともが同じ判断をします。飛行機は巨大な機械ですが、非常に精密なものでもあります。わずかな不備が甚大な事故につながる恐れがあります。小さなネジ1本の不具合だけで、どんな事故につながるかわかりません。

安全を守り、人の命を守ること以上に大切なことはない。このことを知っているからこそ、このようなとき、周りの同僚も責任者も「何をしているんだ」と責めることは絶対にしません。

2009年3月11日、ANAは日経新聞を通じてある宣言を行いました。

「全日空は、パイロット、客室乗務員、整備士などによる避けられないヒューマンエラーがあった場合、処分の対象としないように社内規定を変更する」と明言したのです。

さらに、安全統括管理者はこのように発信しています。

「安全を優先する行動を行った結果、遅発や引き返しなどが生じたとしても、会社はそれを容認し、関係者の下した判断を尊重します」。この言葉は、私たち現場の人間の

「立ち止まる」勇気を後押ししてくれています。

立ち止まることは、ときに大きな勇気が必要です。

隠さないこと。正直であること。これはプロとして最も重要な資質だと、私たちは考えています。

これからも安全であることを約束するために

1971年7月30日に発生した雫石空中衝突事故以後、私たちANAグループは、お客様の命を奪ってしまう航空機事故を起こしていません。53年間の安全運航の実績です。

事故の悲惨さを風化させない努力と共に「安全をつくる」取り組みを日々続けてきました。

「安全は経営の基盤であり社会への責務である」

ANAグループは安全理念にこう示しています。さらに安全理念には、「確かなしくみ」と「一人ひとりの責任ある誠実な行動」により、安全を追求することを誓っています。一人ひとりの行動とそれらを支える仕組みづくりが、53年間の安全運航の実績を作り出したと言ってもいいでしょう。

仕組みと行動が、車の両輪のように確かな安全をつくり出してきました。その中心にいるのが〝人〟なのです。

これまで紹介したANAのカイゼンは私たちグループの文化になりました。文化の継承者は〝人〟です。人だけが文化を次の世代に伝えることができるのです。

ANA流〝人づくり〟から始めたカイゼンはいよいよ10年を迎えます。

さて、最後に「安全」と「信頼」について考えてみます。

「安全」について、厚生労働省はこのように定義しています。

「危なさを把握する仕組みを持ち、対策を講じ、その上でつき合わざるを得ない危なさについては、承知して管理下に置く。これらが継続的に行われている状態、つまり、危なさと正しく向き合った状態が『安全』です」

また、国際安全規格では「安全」を「許容できないリスクがないこと」と定義しています。つまり、リスクを許容できるまで低減させた状態として「安全」を定義しているのです。

この考え方の背景には、まったく危険な状態がない「絶対安全」というものは存在せず、あらゆるものに必ず危険性が潜んでいるという考えがあります。「安全」とは危険性の有無のことではなく、程度のことなのです。

「安全」とは、自然な状態でそこにあるものではありません。実は、私たちの身の回りにあるのは「危険」な状態だけです。私たちが何らかのアクションを起こした結果、安全を手に入れることができます。すなわち、**「安全とはつくるもの」なのです。**

羽田空港のすぐ近く、東京モノレール天空橋駅から歩いて10分ほどのところに、「ANA Blue Base」というANAの訓練施設があります。ANA Blue Baseに入るとすぐに見えてくるのが「安全の時を刻む時計」です。1971年7月30日14時02分に発生した雫石空中衝突事故から53年間、この時計は「安全の時」を刻み続けています。

これまでの安全の実績は、この時計が証明しています。

では、これからの、未来の安全はどうやって約束することができるでしょうか。

私たちはこれまで常にルールに基づき、愚直に仕事を続け、安全をつくり込んできました。これからも、**私たちはルールに基づき、愚直に仕事を続けることによって、高い品質と高い生産性を目指し続けます。**

この事実だけが、「これから」の安全をつくっていくのだと考えています。

安全だった時間が積み重なることで、「信頼」が生まれます。信頼が生まれることで、お客様に選んでいただける企業になれます。これは、疑いようのない事実です。

そのためにも、ヒューマンエラー対策をしっかり行い、安全をつくり続けることが大切だと私たちは考えています。

あとがき

最後までお読みくださり、ありがとうございます。

本書では、エアラインＡＮＡの、さまざまな業種の仲間がお互いに刺激を受けながら、「人づくり」を大切にして取り組んできた『ＡＮＡ流カイゼン術』を紹介しました。

一般的に「改善」とは、「悪い部分を良くする」という意味ですが、カイゼン活動における「カイゼン」は「現状に満足せず、今よりもっと良くする」という意味で使います。「自らの課題に気づき、自ら対策し、改善していく」ことがポイントです。

ＡＮＡグループのカイゼン活動は、２０１５年４月の整備部門における取り組みから始まりました。きっかけとなったのは、海外にある修理拠点でした。

航空機の部品は、故障すると新品に交換します。ただし、高額の部品は修理して何度も使います。それら部品の修理先はほとんど海外です。主に米国、欧州、シンガポールに修理拠点があります。それら海外の工場から「カイゼ〜ン」「カンバ〜ン」という声が聞こえてきたのです。

「カイゼ〜ン」は「カイゼン」?

「カンバ〜ン」はあのトヨタ生産方式の「カンバン方式」のこと?

「カイゼン」はそもそも日本のお家芸ではなかったのか、なぜ海外の修理拠点で口癖のように使われているのか。

「海外で何が起こっているのか?!」と驚いた私たちは、シンガポールにある、エンジンの修理拠点とエンジンの製造拠点の調査に行きました。2015年1月のことです。当時の整備センター副センター長、満倉達彦を団長にして、4人の整備部長（ライン整備部、ドック整備部、原動機整備部、装備品整備部）で出向きました。私は装備品整備部長として同行したのです。

シンガポールの工場に入ると、至る所に「KAIZEN」というポスターが貼ってあり、カイゼンの成果物や取り組みの様子を収めた写真が展示されていました。日本のお家芸の「カイゼン」は海外で成熟していたのです。

自分たちができていない取り組みを視察によって知るという、逆輸入のような不思議な調査でした。

それからすぐに、前述の満倉の旗振りによってＡＮＡの整備部門に「カイゼン」を導入。１年後の２０１６年４月にＡＮＡグループのオペレーション部門全体の取り組みに拡大したのは、本書でもお伝えしたとおりです。

カイゼンは、トヨタ自動車という製造業の帝王が生み出しました。米国の自動車産業のように量産効果を狙うことができない環境においても、安くて品質の良いモノを製造するために生まれた生産方式と考えることができます。製造ラインを効果的に動かし、そこで働く人が付加価値の高い仕事をすることで、原価低減につなげることが狙いだったのです。

だから、「カイゼン」活動は「製造業」への導入はしやすく、一方で常に製造ラインが流れているわけではない「非製造業」への導入は難しいと捉えられるようになりました。

こうしたことから、非製造業でカイゼンを導入できるのか、根づかせて文化に育てることは可能なのか、ＡＮＡでも試行錯誤を繰り返してきました。

今、カイゼン活動を導入して10年を迎えようとしていますが、全社にここまで普及した大きな要因は、一人ひとりが自分の仕事を「楽にしたい」「もっと効率的にしたい」という気持ちを大切にすること、カイゼン活動をそんな『人づくり』から始めたことにあると思っています。

航空は巨大なシステムです。運航乗務員（パイロット）、客室乗務員（ＣＡ）、整備士、グランドハンドリングスタッフ、グランドスタッフなど、多職種でたくさんの仲間が役割分担をして、航空機の安全運航を支えています。それぞれの職場で、一人ひとりが自分の仕事の足元にある「カイゼン」の原石に気づき、取り組みの輪を広げています。

なお、今回紹介した事例については２０１５年以降に実施したもので、当時の取り組みの記録を丁寧に確認してご紹介していますが、当時の活動が正確にお伝えできていないことがあるかもしれません。その際はご容赦願います。

最後になりますが、見学や交流会を通して多くの「知恵」を私たちＡＮＡグループに授けてくださった企業の皆様に深い感謝と御礼を申し上げます。

本書が、カイゼンを導入したくても上手に手掛けることができない企業の方のヒントになれば幸いです。

ＡＮＡビジネスソリューション（株）　川原洋一

【著者紹介】

川原　洋一（かわはら・よういち）

◉——1985年ANA入社。整備本部装備工場で航空機の慣性航法装置などのコンピュータやコックピットの計器類の整備現場に8年間従事。その後、航空機部品の購買・修理管理や、整備本部の戦略策定などの部門運営に携わる。

◉——整備本部企画チーム・マネジャー、機装センター業務推進室長、装備品整備部長、部品事業室長（部品・装備品・エンジンの整備現場を含めた総責任者）などを経て、2018年にKAIZENイノベーション推進室長に就任。KAIZENとイノベーションの責任者としてリードする。デジタルの力を活用したKAIZENにおいては、「人がやるべきことに集中できる環境づくり」を目指し、未来の整備士像について積極的に変化することを求める議論を続けた。

◉——2022年にANAを退職し、現在はANAビジネスソリューション（株）で講師として「ヒューマンエラーを起こしても事故にならない仕組みづくり」「安全をつくる取り組み」などについて、他業種の方々に研修や講演を行っている。

ANAのカイゼン

2024年12月2日　第1刷発行
2025年4月16日　第2刷発行

著　者——川原　洋一
発行者——齊藤　龍男
発行所——株式会社かんき出版
東京都千代田区麴町4-1-4 西脇ビル　〒102-0083
電話　営業部：03(3262)8011㈹　編集部：03(3262)8012㈹
FAX　03(3234)4421　振替　00100-2-62304
https://kanki-pub.co.jp/

印刷所——ベクトル印刷株式会社

 ISBN978-4-7612-7775-8 C0034